A FELICIDADE

NÃO É PARA

COVARDES

A FELICIDADE

NÃO É PARA

LUCIENE GODOY   VALÉRIA BELÉM

COVARDES

Diretor-presidente:
Jorge Yunes
Publisher:
Claudio Varela
Editora:
Bárbara Reis
Editorial:
Julianne Gouvea
Maria Beatriz Avanso
Design editorial:
Vanessa S. Marine
Isabella Teixeira
Suporte editorial:
Nádila Sousa
William Sousa
Marketing:
Alexandre Poletto
Bruna Borges
Daniel Oliveira
Vitória Costa
Direitos autorais:
Leila Andrade
Coordenadora comercial:
Vivian Pessoa
Preparação de texto:
Halime Musser

A felicidade não é para covardes
© Valéria Belém e Luciene Godoy, 2025
© Companhia Editora Nacional, 2025

Todos os direitos reservados. Nenhuma parte desta obra pode ser reproduzida ou transmitida por qualquer forma ou meio eletrônico, inclusive fotocópia, gravação ou sistema de armazenagem e recuperação de informação sem o prévio e expresso consentimento da editora.

1ª edição — São Paulo

Design de capa, projeto gráfico e diagramação:
Tamires Mazzo Cid

DADOS INTERNACIONAIS DE CATALOGAÇÃO NA
PUBLICAÇÃO (CIP) DE ACORDO COM ISBD

G589f	Belém, Valéria
	A felicidade não é para covardes / Luciene Godoy, Valéria Belém. - São Paulo: Editora Nacional, 2025.
	272 p. : il. ; 12,5cm x 18cm.
	ISBN: 978-65-5881-258-6
	1. Literatura brasileira. I. Godoy, Luciene. II. Título.
2025-1019	CDD 869.8992
	CDU 821.134.3(81)

Elaborado por Odilio Hilario Moreira Junior - CRB-8/9949

Índice para catálogo sistemático:
1. Literatura brasileira 869.8992
2. Literatura brasileira 821.134.3(81)

NACIONAL

Rua Gomes de Carvalho, 1306 – 11º andar – Vila Olímpia
São Paulo – SP – 04547-005 – Brasil – Tel.: (11) 2799-7799
editoranacional.com.br – atendimento@grupoibep.com.br

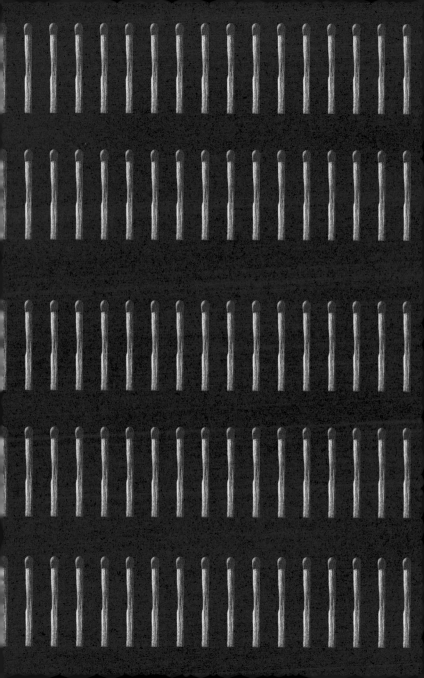

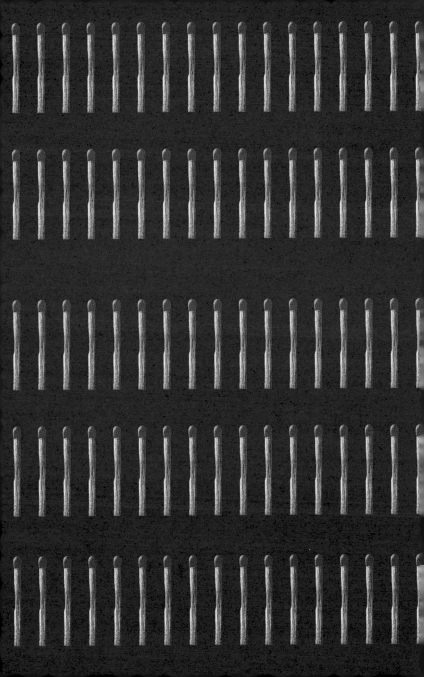

O QUE É VIVER NO SÉCULO 21

O século 21 nos oferece conquistas em qualidade e em quantidade jamais experimentadas por uma mesma geração na história.

E quais são os desafios para o bem-viver neste novo planeta para uma civilização que sai de cinco mil anos de patriarcalismo? Como mudar as formas de comunicação e de organização social, de padronizadas-verticais para múltiplas-horizontais?

Como podemos dialogar com esse "mundo louco", que parece descontrolado, possuído por uma rapidez tamanha, que nossos corpos e mentes não conseguem sequer acompanhar? Como degustar essas novas ofertas sem nos lambuzar no gozo visguento do excesso e do descontrole ao sermos pegos na armadilha de consumir e consumir tudo... o tempo todo?

Estas nossas "crônicas de cabeceira" são uma das respostas possíveis — um convite para que, em vez de tomar um comprimido para dormir, você tome uma deliciosa dose de leitura.

Aqui você terá um diálogo com duas psicanalistas que versam sobre temas da vida como ela é, e sobre como ela pode ser menos.

Opa! Menos é uma coisa ruim, não é?

No século 21, menos é mais — e melhor!

Menos pressa, menos voracidade, menos gastos. Menos "eu quero, eu quero, eu quero" (o que dá espaço para o "eu usufruo" do que já tenho e nem percebo). E, assim, "reciclo, invento, não destruo" nem a mim mesmo, nem ao planeta — minha casa maior.

Estas crônicas, sempre com um pano de fundo psicanalítico, são uma proposta para você terminar o dia em paz, viajando por pitadas de conhecimento que proporcionarão mais presença de você na sua própria vida. Por mais redundante que isso pareça a seus olhos.

Que elas funcionem como um GPS, localizando cada momento, jogando clareza sobre assuntos relacionados ao seu cotidiano e sobre os quais você poderá transitar à sua maneira — trazendo, noite após noite, a tranquilidade de estar situado e mais segurança para o dia que nascerá.

E, assim, vamos degustando juntos...

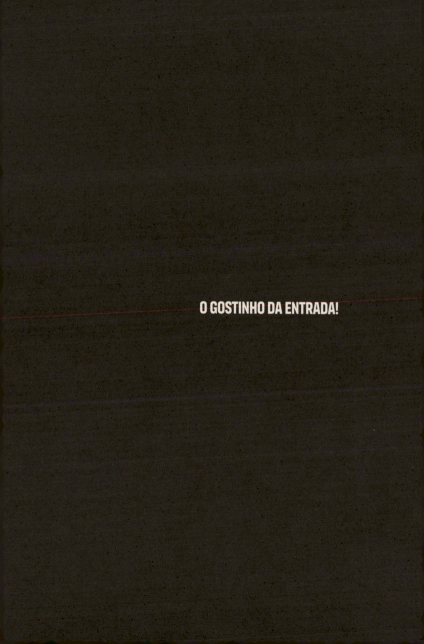

Para colocar a mão na massa, entrar na dança, convidamos você a pensar sobre um dos aspectos que mais caracterizam o século 21.

Há uma palavra valiosa pairando sobre o tempo em que vivemos: **ENCONTRO**.

ENCONTROS quando são **ENCONTROS**, diga-se de passagem.

Quando letras se **ENCONTRAM** em novas formatações, novas palavras surgem para poetar a vida.

Quando pessoas se **ENCONTRAM**, tudo pode surgir, inclusive um livro, como é o caso do **ENCONTRO** entre as psicanalistas Luciene Godoy & Valéria Belém.

Um **ENCONTRO** não se dá por um golpe de sorte — a princípio, ele é só uma possibilidade. Se conseguirmos acolher o inesperado e formos abertos à mudança, se não formos covardes e nos lançarmos em novos voos, aí sim, o encontro será possível.

Então, perceba que...

Viver no século 21 é viver **ENCONTROS** (e **ESCOLHAS**).

ENCONTROS de nômades digitais pelo mundo, em casas e apartamentos alugados por temporada, moradias comunitárias, oriundos de diferentes países e trabalhando ainda em outros.

ENCONTROS de gerações em que filhos de 15 anos ensinam a pais e avós o novo idioma digital.

ENCONTROS entre os gêneros masculino e feminino, que misturam funções, capacidade de trabalho, invenções — no qual mulheres se enriquecem tendo atributos que eram exclusivos dos homens e em que homens se potencializam adquirindo funções que por séculos pertenceram às mulheres.

Viver no século 21 é estar presente no **ENCONTRO** de dois planetas — um patriarcal, com cinco mil anos de existência; outro múltiplo, que se inaugura debaixo do nosso nariz, tempo histórico de incomparável riqueza de...

ENCONTROS que nos levam a lugares mágicos!

Para chegar lá, só indo além do medo do novo e da covardia.

São as asas da ousadia que nos levam a esse lugar.

Mas...

Ser covarde, o que é?

Ser covarde é não voar quando a porta da gaiola está aberta, escondendo de nós mesmos que a libertação é possível — assim, enganamos a nós e aos outros, dizendo que essa opção não existe.

E voar, o que seria?

Mudar para outro lugar, viver outra vida, sentir outros sentimentos — ainda que a localização geográfica seja a mesma.

Voar é viver cada dia como o único e o último nas suas mais prosaicas manifestações.

Nossa vida cotidiana é um milagre.

Convidamos você para alçar esse voo agora, nas próximas páginas, escritas para ajudar a

PROMOVER O ENCONTRO MAIS IMPORTANTE DA SUA EXISTÊNCIA:

o seu encontro com você mesmo.

Também — e não menos importante — o seu encontro com seu par amoroso; o seu encontro com os outros seres humanos; e o grande encontro com o seu momento histórico, que está abrindo as portas das muitas gaiolas que o aprisionavam.

Então, viver no século 21 combina com FELICIDADE?

Veja bem: ao abrir este livro, você está se arriscando (e muito!) a dizer SIM a este novo TEMPO, para USUFRUIR dele da forma que VOCÊ inventar. E isso requer coragem. Afinal, a felicidade não é para covardes.

Existe uma covardia moralista: "Que feio ser covarde, temos que ser corajosos!".

Não nos referimos a ela. Estamos falando de uma covardia ética, que é de outra ordem e está em coisas minúsculas que orientam nossos rumos e, geralmente, nem notamos.

Covardia ética é não percebermos que sempre **ESCOLHEMOS — sempre —**, mesmo quando fazemos a **ESCOLHA** de não fazer nada, de deixar rolar (que, como **ESCOLHA**, vale muito), de deixar o outro **ESCOLHER** e agir em nosso lugar para escapar do risco de errar, de "ficar feio na foto".

Por outro lado, a coragem a que nos referimos aqui também não é a moralista, a do super-herói. Não é a ausência de medo. É a coragem de fazer mesmo com medo. É de uma doce humildade, mas aliada à determinação de quem não quer viver uma vida sem prazer, da qual a pessoa não se orgulhe nem se respeite por ter vivido. E tudo isso sem precisar ser perfeito.

Uma felicidade corajosa é para quem simplesmente não quer passar pela vida se escondendo do perigo das escolhas. É para quem quer aproveitar com gosto a vida que ganhou e tem a chance de viver.

E, para deixar um inspirador recadinho de uma psicanálise lacaniana em sintonia com o presente, compartilhamos aqui e acolá a "leitura" de Lacan sobre este momento em seu livro "O Seminário, Livro 20: mais, ainda", que pode ser traduzido como *Mais Ainda* ou, em homofonia, como *no corpo*.

O *Mais Ainda* fala que estamos indo além do mundo patriarcal que existia. Nesse mais além das antigas proibições de gozo, entramos no planeta onde o prazer do corpo faz parte. Isso nos confia a nobre tarefa de cuidar bem do nosso corpo-vida porque "é nossa a dor e o prazer".

Você habita um século extraordinário.

Voe nele.

VOCÊ COM VOCÊ

Somos grandes desconhecedores de nós mesmos.

No ventre materno, ainda bebês-fetos, consideramos como nossos os movimentos, sons, odores e gostos vindos do corpo que nos abriga. É a perda desse dois-em-um-só-corpo que nos faz viver com o sentimento de que perdemos uma parte nossa, de que falta algo.

Conviver consigo mesmo é pré-requisito para qualquer encontro com o outro. Apesar disso, não nos enxergamos nem nos reconhecemos como criadores das situações que nos fazem bem ou mal.

Isso acontece porque, nas vidas material e emocional, só nos vemos como em um espelho. Ou seja, vemos o lá e, não, o cá. Enxergamos muito mais facilmente o outro, o que ele faz ou deixa de fazer. Isso nos leva a seguir pistas equivocadas, como se dirigíssemos às cegas o carro que somos na estrada da vida. Assim, caímos em muitos buracos que poderiam ter sido evitados, se vistos com antecedência. Isso para não falar de caminhos perdidos, viradas falhas etc.

Conheça um pouco mais você para poder *usufruir* das delícias de uma convivência em paz consigo mesmo.

COM QUE ROUPA EU VOU?

Luciene Godoy

Estar preparado – ter como se apresentar – para as as diferentes situações que a vida nos impõe ou nos convida é como ter a roupa certa para cada ocasião.

Quando não temos, começa a ansiedade.

Mergulhamos no futuro, no sofrimento. Como vou fazer? E, então, começa a louca matutação, na tentativa de prever e controlar o que está por vir: "Se ele disser isso, eu respondo aquilo..." e outras infinitas tentativas paranoicas de lidar com o desafio.

Onde achar uma roupa que sirva para todas as ocasiões?

Isso existe?

Ter um guarda-roupas variado nos deixaria mais tranquilos? Ou seria melhor assumir um estilo único e nos apresentar sempre de acordo com ele? Ou ainda, quem sabe, poderíamos aprender a combinar diferentes peças para montar looks fantásticos e imprevisíveis?

Vestir-se para as diferentes ocasiões da vida — perdas, ganhos, vitórias, derrotas, frustrações — é sempre um desafio.

Não vá de jeans a uma festa de gala, nem de gala a um piquenique. Embora pareça simples, é desafiador encontrar uma imagem que nos represente nas diversas ocasiões da vida.

O que falar, o que mostrar, o que esconder? Há tanta coisa em jogo. Ao que parece, ninguém se preocupa muito com "Que pensamento eu vou?". Devo dizer: aí está o que mais importa.

Voltemos ao questionamento: com que pensamento eu vou? É isso que me situa. É isso que me dá a roupa para cada momento.

Na psicanálise, isso é chamado de interpretação. Diante de cada situação que nos chega na vida, é nossa responsabilidade interpretá-la, compreender seu significado para nós mesmos. Por exemplo, "Fulano disse tal coisa. Garanto que foi só para me humilhar."

Interpretação: "Estou humilhado."

Segunda possibilidade: "Quando fulano disse aquilo, parecia querer me humilhar. Ih, o coitado vai mal! Com tanto ódio... Que bicho será que o mordeu?".

Interpretação: "Eu não estou humilhado."

A mesma história, mas com duas interpretações diferentes, criam duas histórias diferentes.

É você e somente você que pode se colocar ou se excluir, dar força para o outro lhe fazer mal ou, ao contrário, retirá-la.

A roupa subjetiva é determinada pelo pensamento que temos a nosso próprio respeito — a interpretação —, com o qual vamos para cada ocasião.

O que você pensa de você é a roupa com a qual irá!

Divirta-se!

30 MIL ANIVERSÁRIOS PARA VOCÊ

Valéria Belém

"Minha própria personalidade renovada, despedaçando dentro de mim tudo que é velho e morto."

Cora Coralina[1]

---

1. Quem é você? In: Meu livro de cordel.

Certa amiga não gosta de ganhar flores. "Elas morrem", responde, quando questionada. "Não gosto do processo de vê-las desaparecendo a cada dia. Vão cheirando mal, apesar dos meus esforços para mantê-las vivas", completa.

A perspectiva da finitude de tudo que é belo (e até mesmo daquilo que não é) é apresentada a nós em todos os caminhos da vida. Isso me faz lembrar de uma criança que sempre chorava à meia-noite, na virada do ano, dizendo:

— Eu não quero que ele vá embora!

— Quem?

— O ano velho!

Sim, flores morrem. Anos se vão. Peles murcham. Amores passam. Copos e pratos se quebram. Tudo está fadado a um dia ser nada.

Esse tema foi abordado pelo pai da psicanálise, Sigmund Freud, em seu texto "A transitoriedade", de 1916. Freud descreve, com a maestria que lhe é peculiar, como atendia a um jovem e famoso poeta caminhando pelos campos.

A questão é que o rapaz não conseguia usufruir do

passeio, apesar do lugar ser muito bonito, pois já imaginava que tudo aquilo desapareceria em breve, quando o inverno chegasse. "Tudo aquilo que, em outra circunstância, ele teria amado e admirado, pareceu-lhe despojado de seu valor por estar fadado à transitoriedade", conta-nos Freud.

Não podemos impedir que o inverno chegue, nem que a onda quebre na areia. Não podemos mudar os fatos, mas podemos transformar nosso olhar sobre as coisas. Aquele que, em vez de tirar o valor daquilo que se tem, a fim de evitar o sofrimento da perda em um futuro que nem se sabe qual será, transforma cada usufruto da vida em um momento mais que especial. Assim, deixaremos o medo de lado e poderemos investir na coragem-presença necessária para sermos felizes.

Freud nos aponta o caminho: "Não deixei, porém, de discutir o ponto de vista pessimista do poeta de que a transitoriedade do que é belo implica uma perda de seu valor. Pelo contrário, implica um aumento! O valor da transitoriedade é o valor da escassez no tempo. A limitação da possibilidade de uma fruição eleva o valor dessa fruição."

Vale muito, vale demais. Se algo que existe hoje talvez não esteja mais aqui amanhã, aproveite ao máximo a delícia de existir. Sim, é sempre hora de usar as louças bonitas guardadas no armário, realizar desejos, deixar a vida acontecer.

Em vez de tentar parar a onda que vai quebrar na areia e se perder nesse processo, suba na onda e curta o passeio. Imagine que maravilha: você pode fazer aniversário hoje, amanhã, depois de amanhã. Se viver até os 80 anos, terá uns 30 mil aniversários para festejar. Porque você já foi convidado para essa festa que acontece todos os dias.

Répondez s'il vous plaît!

É IMPOSSÍVEL SER SÓ

Luciene Godoy

Tem tanta gente dizendo que se sente só e vazia, e eu aqui dizendo que é impossível ser só!

Vamos desfazer essa confusão?

Repito em alto e bom som: é impossível o ser humano ser sozinho!

Mesmo porque somos dois... e há quem diga que somos muitos!

É estranho, mas é isso mesmo: somos dois, tanto que conversamos com nós mesmos o tempo todo. "Nossa, ainda não tomei água hoje" ou "preciso terminar esse trabalho logo". Alguém dentro de nós diz para um outro alguém essas pequenas obviedades como se a conversa fosse com outro ser ali, de fora, ao lado. Porém, é um outro interno.

Esse outro é formado pela internalização das pessoas que conviveram conosco e cuidaram de nós enquanto éramos crianças, que vão se transformar, ao longo do processo de desenvolvimento psíquico, no chamado Supereu, ou seja, um eu acima do eu/ um outro eu.

A questão é que esse "outro eu" acusa, cobra e desqualifica — o que, por definição, é o Supereu. Ele jamais aprova. Cobra perfeição, aponta falhas. É o resultado da exagerada função do adulto na vida da criança, que busca discipliná-la para que ela possa participar da sociedade (falar uma língua, se comportar socialmente etc.).

Isso se chama companhia ruim, desagradável, destrutiva, mas não solidão!

Há várias formas de tentar fugir ou abafar essa voz impiedosa. Podemos telefonar para alguém, fazer compras, manter a televisão sempre ligada, beber exageradamente – ou coisinhas do gênero.

O pior é que não temos apenas o Supereu. Temos ainda o inconsciente, isto é, a soma do que vimos, ouvimos e vivemos na infância; tudo o que recalcamos, mas que se torna o nosso modo de vida (nossa vida interior). Portanto, temos outros personagens e fatos a nos perturbar a paz. É o inferno interno!

É por isso que digo: sós não somos!

Aliás, esse pode ser exatamente o problema: há inúmeras presenças ruins dentro de nós. Quem nunca desejou tirar férias de si mesmo, sair desse inferno para chegar no paraíso?

É... já que não dá para ser só, bom mesmo é estar bem acompanhado. Por você mesmo, é claro!

O poeta Tom Jobim diz: "É impossível ser feliz sozinho!"[2]

Já eu digo: é impossível ser feliz em má companhia (interna), porque dela não se pode fugir.

Estamos esclarecidos? Podemos estar em boa ou em má companhia, mas estarmos sós é simplesmente impossível!

---

2. Tom Jobim, música *Wave*, 1967.

#FÉRIAS TODO DIA
Valéria Belém

Primeiro, tomei a decisão. Coisa bem complicada, por sinal. É mais fácil sonhar, planejar, idealizar... mas decidir, realizar? Isso exige que eu me comprometa com meus desejos e siga em direção a eles. Exige também que eu suporte o estranhamento das pessoas diante das minhas escolhas, que podem parecer malucas para o outro.

Pois foi assim, decidi. Escolhi o lugar, calculei os gastos, os investimentos. Tive muitas dúvidas: o que esperar? Seria divertido? Seguro? Eu não queria arriscar mais do que o necessário, mas surpresas também eram bem-vindas nessa jornada.

Levantei da cama. Fui. E, lá, não pensava no antes nem no depois. Aproveitei cada lugar, cada pessoa, cada novidade experimentada.

Que felicidade!

Esse parece ser o roteiro de uma viagem de férias para você? Até poderia ser, mas não é o caso. Não mesmo. Esse é um relato do cotidiano, desde o amanhecer até o anoitecer. Por que lembra férias?

Quero falar disso para você, sobre como planejamos passeios deliciosos de dias ou semanas e curtimos os lugares para onde vamos com uma alegria imensa, mas quando se trata da nossa viagem cotidiana não conseguimos ser tão bem-sucedidos em usufruir dela. Na maioria das vezes, isso acontece porque não vivemos o presente, o tempo do agora.

A nostalgia e a esperança são "paixões tristes", diz Spinoza. É justamente isso que atrapalha nossa felicidade: essas paixões pelo que já foi e pelo que ainda não sei. Elas são como tampões que nos impedem de ver a chuva, o sol, ouvir a música, sentir os cheiros e os sabores do presente.

Quem vive no passado está vagando entre lençóis mofados e caixas empoeiradas — e quem não se livra dele acaba negligenciando o presente. Preocupar-se com o futuro é como não usar a taça de cristal pelo medo de que se quebre. O prazer será sempre evitado e você sofrerá para não sofrer (ora, ela pode não se quebrar afinal, e que gostosura será apreciar um bom vinho nela! Ou poderá ficar em cacos e você, ainda assim, terá histórias de noites agradáveis em seu livro da vida). Quando você viaja para a praia, para uma cidade histórica, para o campo, procura aproveitar cada momento? Experimenta comer coisas diferentes? Conversa com desconhecidos? Realiza sonhos muito desejados? Que tal experimentar a tirolesa, subir 550 degraus, mergulhar entre animais marinhos?

Eu me atrevo a responder que a maioria das pessoas aproveita tanto o passeio, faz tantas coisas inusitadas, que volta para casa exausta, porém feliz. Até mesmo as coisas ruins que acontecem (sim, elas fazem parte) se tornam motivos de boas risadas — e aprendizado.

Difícil imaginar alguém sentado na praia, olhando para o mar e pensando: "Acho que não vou entrar na água porque não terei mais esse marzão para curtir na semana que vem." O contrário é mais verossímil: "Nossa, vou ficar na água até a noite cair. Quero aproveitar até o último momento!"

Gostaria que, a partir de agora, você pensasse na sua vida, no seu dia a dia, como uma viagem. Pois ela é isso. Viagem é movimento, vida é movimento. O contrário é repetição, é morte. Quando decidimos viver o hoje, fazemos um investimento, corremos riscos, mas estamos vivos.

Então, proponho o desafio de você aproveitar seu dia até o último minuto. E fazer o mesmo ao acordar amanhã.

Vamos lá, você consegue.

#fériastododia

A FALSA MODÉSTIA E SUAS CONSEQUÊNCIAS DANOSAS

Luciene Godoy

De fato, é difícil associar a modéstia a algo que possa provocar malefícios. Desde pequenos somos ensinados que é muito feio ser uma pessoa "metida, arrogante". Por isso mesmo, acho delicado propor uma nova forma de ver o referido valor, afinal, ele é, indiscutivelmente, bastante aceito e defendido por muitos.

Meu argumento é outro. Quando recebemos um elogio de alguém próximo ou nos orgulhamos de nós mesmos (isto é, quando conseguimos nos enxergar, mesmo que um pouco), não é incomum automaticamente respondermos: "Ah, imagina. Não é nada!". Já reparou?

Em seu trabalho, o psicanalista Jorge Forbes nos convida a "sustentarmos as nossas qualidades". Segundo Forbes, na neurose, o sujeito não quer se responsabilizar por nada, nem mesmo por sustentar algo elogiável que tenha conseguido fazer. Ele tem medo de ser cada vez mais cobrado pelo outro, numa espécie de pressão para ser cada vez melhor. Portanto, o ato de aceitar o elogio pode ser visto como uma ameaça de predação.

Bem, mas qual é o problema? Onde estão as consequências maléficas escondidas? Parece que nesse mundo narcisista de hoje, todos andam muito vaidosos e só querem saber de receber elogios.

Ah, é? Então repare melhor e você vai ver que não é bem isso o que acontece. Todo mundo quer receber o elogio, mas não o aceita abertamente, com o prazer do qual, na verdade, poderia usufruir.

Mas ainda não chegamos às consequências danosas. Vamos a elas?

O psiquismo humano tem o seguinte funcionamento: o que não é reconhecido, não existe.

Agora já deu para perceber, não é? É isso. Se não recebemos reconhecidamente o elogio, isto é, a confirmação de nossas qualidades, elas, de fato, não vão existir para nós e, por isso, estamos literalmente jogando fora nossos esforços para alcançar uma vida mais qualificada.

Com esse jeito de agir, o sujeito acorda nu e pobre todas as manhãs. Como no mito de Sísifo, em que o homem carregava diariamente uma pedra montanha acima, só para vê-la rolando montanha abaixo quando atingia o topo. Na manhã seguinte, o trabalho inglório recomeçava. É exatamente da mesma coisa que estou falando.

Sustentar nossas qualidades nos liberta da pobreza emocional de ficar o tempo todo querendo gostar de nós mesmos, buscando ter valor, e, ao mesmo tempo, estamos desconstruindo as possibilidades de que isso aconteça. Desconstruindo a possibilidade de que o sentimento de valor seja instalado dentro de nós.

A escolha é sua!

Prefere continuar na (falsa) modéstia ou vai se arriscar, tomando posse das qualidades que você luta constantemente para ter?

RECALCULANDO A ROTA
Valéria Belém

"Uma análise deve possibilitar ao analisando cantar depois que o artista vai embora."

Jorge Forbes[3]

---

3. Da palavra ao gesto do analista.

Quando ele percebeu, era tarde demais. Havia passado da rua. Devia ter virado à direita um segundo antes, mas estava escuro... A entrada era escondida... Não conhecia a região. Não havia mais o que fazer. Só lamentar, pensou, balançando a cabeça em visível desalento. Ficou irritado consigo mesmo pelo erro, pela distração, pelo que já não tinha mais jeito.

Olhou para a tela do celular, que brilhava no escuro. O aplicativo do GPS não estava nem aí para as suas lamúrias. Avisou apenas que já recalculava a rota. Foi aí que um clique interno se fez ouvir em sua mente. "É isso!", gritou, silenciosamente. Entendeu, finalmente, o que a mãe explicara anos atrás: "Há um momento em que as coisas se encaixam e tudo faz sentido, como quando uma criança aprende a ler. As letras, antes soltas, formam palavras e é pura mágica: de repente ela sabe ler!"

Naquela esquina, naquela noite escura, tudo fez sentido. Clique!

Mal conseguiu esperar a tarde do dia seguinte para adentrar no consultório da psicanalista e despejar:
— Já sei que vou sofrer, vou perder, vou reclamar, sentir falta, me frustrar, mas quero ser como um GPS. Quero conseguir recalcular minhas rotas para encontrar novos caminhos o mais rápido possível.

— Explique melhor isso — instigou a psicanalista. — O que você quer mesmo? Diminuir o tempo de sofrimento?

— Isso! Por exemplo, fiquei em um relacionamento muito ruim durante dez anos. Poderiam ter sido dois anos apenas. Demorei para recalcular minha rota, para entender que já tinha passado da rua... A verdade é que não tenho mais dez anos para perder com nada que não me dá alegria.

— Parabéns. Tem gente que está com 80 anos e ainda não descobriu isso — disse a psicanalista.

— Sim, poderiam ter sido dois anos apenas... ou um, quem sabe... — continuou ele, divagando. — Sim, conheço um homem que só sabe contar de doenças e dores, perdas e velhice há 30 anos. Está vivo? Está morto-vivo? Já morreu e não sabe?

Saiu leve da clínica.

***

Na rua, enquanto esperava o carro de aplicativo, encarou o céu de fim de tarde e observou a lua, entre edifícios cinzentos. Começou a cantar baixinho: "A lua, quando ela roda, é nova, crescente ou meia, a lua é cheia, e quando ela roda, minguante e meia..." Nesse momento, sequer percebeu que outro homem se aproximava. Mas isso também não importava. Sabia que podia cantar mesmo sem violão ou sem companhia, porque a música estava dentro dele.

Poucos dias depois, usando novamente o GPS (dessa vez, sem errar o caminho), leu uma mensagem inédita na tela do celular: uma sugestão de novo percurso que reduziria o tempo de viagem. Caso não aceitasse a indicação se manteria na rota em andamento, já absorvida.

"Então, posso mudar minha rota, mesmo que ela esteja boa, para ficar ainda melhor?"

Clique!

ARQUITETOS DA VIDA

Luciene Godoy

Projetar é uma forma de ver o que não existe e, a partir disso, construir algo. Desenhar projetos não é uma atividade apenas dos arquitetos, mas de todos nós.

Vislumbrar o que não existe é próprio do ser humano. Olhamos um objeto, observamos uma cena, e juntamos a eles toda uma interpretação. O olhar humano é projetivo, isto é, projetamos um universo de sentidos que já carregamos e que descarregamos sobre o que vemos.

O olhar objetivo não existe para o ser humano.

Há somente o olhar projetivo, que projeta o que temos aninhado na nossa mente e que se acopla a fatos e acontecimentos, fazendo deles outra coisa, adulterando-os ao nosso bel prazer ou segundo a nossa capacidade.

O olhar projetivo — vejam só que coisa grandiosa — também inventa projetos. Desenhamos projetos quando olhamos algo e dizemos o que é. É como um projeto arquitetônico mesmo. Ao interpretar, desenhamos o projeto e ao mesmo tempo o construímos. Somos arquitetos e pedreiros de nossa existência!

Aquela pessoa que sempre "vê" desonestidade no outro, por exemplo, seguirá distribuindo olhares de

desconfiança, desenhando o "projeto-desconfiança".
Isso atrai outros olhares desconfiados. Acaba por atrair
pessoas de fato não dignas de confiança, que se aproximam pelo cheiro conhecido.

A pior e mais frequente possibilidade: a pessoa desconfiada nem está cercada de pessoas desonestas, mas
como as "vê", vai interpretando a realidade projetiva
como sendo a realidade e vai "vendo" até que não
consegue distinguir as evidências, não enxerga mais
nada fora da sua projeção. O mundo não o convence
do contrário. As evidências contrárias à sua "certeza"
não são assimiladas nem reconhecidas, e, assim, seu
mundo passa a ser sua projeção.

O ciclo termina, o projeto virou construção.

Compartilho uma história bastante ilustrativa, da
namorada de um amigo. Ela, muito ciumenta, o
atormentava tanto, dizendo que ele havia olhado para
fulana ou que beltrana o estava encarando, que acabou
despertando o interesse dele pelas mulheres.

Não deu outra: o cara seguiu o caminho projetado
para ele pela namorada e a história terminou em traição. Não era isso o que ela queria, mas foi o que construiu através de seu olhar projetivo, que antecipava esse
tipo de acontecimento.

Ao me contar essa história, décadas atrás, ele afirmava, sorrindo, que aquela mulher havia sido a namorada perfeita, pois lhe arranjara um monte de outras namoradas, despertando-o para possibilidades nas quais ele nem havia pensado. Foi a namorada, por causa do seu ciúme, que o despertou para o que só existia para ela mesma e que, com o tempo, passou a existir para ele também.

Quando cremos que algo é de determinado jeito, trabalhamos para que "comece a ser" mesmo.

Simone de Beauvoir afirma em um dos seus livros que quando pensamos que não amamos, já começamos a amar menos.

Assim acontece. Olhamos, vemos, interpretamos. Construímos a casa e entramos nela para viver.

É assim que o ser humano cria sua realidade subjetiva, o universo interno no qual vive, com os personagens que cria, pois a interpretação é dele.

Em muitas ocasiões, conheci pessoas descritas como mal-humoradas e fechadas, mas as vi como espirituosas e divertidas. Para aqueles que não conseguiam enxergar além do óbvio, acabavam se conformando à visão que os outros tinham delas.

A visão do outro nos aprisiona onde ele nos vê. Se não saltarmos fora, acabaremos por nos tornar aquilo que o outro vê em nós.

A interpretação — como vemos o que vemos — é nosso modo de fazer o projeto com o qual construiremos nossa vida.

Projetamos o que está dentro de nós e, só então, fazemos fora o que está dentro.

TRANSFORMANDO ELEFANTE EM FORMIGA

Valéria Belém

O que é isso que trazemos em nossa vida desde sempre, que nos acompanha há séculos em uma pré-história pessoal (que vem dos pais dos pais dos pais) e que nos faz experimentar uma luta interna exaustiva e contínua? É essa angústia, esse mal-estar, esse sentimento de culpa que levamos por toda parte, pesando os ombros, o dia, a noite, as relações...

Esse sentimento, segundo Freud, é o problema mais importante da evolução cultural, ou seja, da nossa integração com outras pessoas, enquanto parte de um grupo, de uma comunidade. Ele enfatiza que o preço pago é, nada menos, que nossa felicidade.

Queremos, desejamos, temos ímpetos de nos satisfazer, mas nem tudo podemos. Essas são as bases de um mundo social, da cultura, da civilização — existem regras, normas estabelecidas, coisas "certas" e "erradas", "boas" e "más".

Essa negociação eterna entre o queremos e o que nos é permitido fazer, a fim de que tenhamos um lugar nesse mundo social; essa contenção a que somos submetidos diariamente gera uma tendência à agressão — e, não se iluda, todos a temos em nós.

Essa é a primeira camada do sentimento de culpa que nos corrói. O medo do que vem de fora, da autoridade que nos espreita o tempo todo. Mas, como se não bastasse esse olho ao nosso redor que tudo vê, existe outro, aquele que faz parte de nós. Como um feitor enlouquecido, o Supereu carrega um chicote de pontas duplas perfurantes, pronto a nos açoitar.

Essa parte de nós é aquela que vigia nossos atos e intenções, como um censor incansável:

— Fiz o meu melhor?

— Jamais! — grita ele.

— Eu me esforço! — você se defende.

— Mas nunca será suficiente! — anuncia o feitor.

Menos que o máximo é pouco. E o máximo, o ideal, é inatingível — portanto, vivemos em dívida eterna, sempre errados, sempre pequenos diante da vigilância. Mas não podemos esquecer que esse feitor é parte de nós. Existe em cada pessoa uma inconsciente necessidade de castigo, expressada no sentimento de culpa. E não é preciso ter feito nada, basta pensar... e a punição virá.

No livro "O mal-estar na civilização", publicado por Freud em 1930, quando o pai da psicanálise já tinha 74 anos e um longo caminho trilhado tanto na clínica quanto no desenvolvimento da teoria psicanalítica, há um quê de tragédia. "Assim, a consciência nos torna a todos covardes [...]", escreve Freud, citando Hamlet, a peça de Shakespeare.

Precisa ser assim mesmo? Freud ilumina a questão, ao dizer que podemos combater esse feitor, esse censor, reduzindo suas exigências, pois "ele promulga um mandamento e não pergunta se é possível ao homem obedecê-lo". Não dá para elevar o controle além de certos limites. "Caso se exija mais, produz-se rebelião ou neurose no indivíduo, ou se provoca a sua infelicidade."

Então, se temos de conviver com essa luta interna, meu convite é que você transforme um feitor-elefante em um feitor-formiga. Podemos até nos compadecer dele e deixá-lo lá, carregando suas folhas, ou talvez enxotá-lo com um peteleco distraído, para que não nos incomode mais.

NÃO SOMOS DIGNOS DE NÓS MESMOS?

Luciene Godoy

"Os psicanalistas nunca foram dignos da psicanálise" é uma frase que corre o mundo PSI. É uma frase triste, desanimadora, que nos deixa sem desejo, sem rumo do que buscar na vida. Afinal, para que andar, se o lugar de chegada é um fracasso, indigno? Pesado pensar isso...

Poderíamos dizer que os médicos nunca foram dignos da medicina ou que os advogados nunca foram dignos do direito; os professores, do magistério... Daí, a pensar que o ser humano nunca foi digno da vida que lhe foi dada, é só um passinho.

Já estou quase enfiando a cabeça na areia e dizendo que o mundo é horrível.

Porém, não sei se é possível negar essas afirmativas pura e simplesmente. Parece que a coisa é meio assim mesmo.

Um beco sem saída? Sim, se considerarmos as explicações filosóficas já conhecidas, de que as coisas são o que são devido à nossa idealização. Ou seja, os nossos modelos são perfeitos, buscamos a perfeição que está do lado de fora (enquanto corremos atrás, mas nunca alcançamos).

Eu poderia até me contentar com essa explicação, se não tivesse me ocorrido a ideia de que as invenções humanas, como a psicanálise, a medicina, o direito e o magistério, não são ideais colocados fora da vida. São objetos criados para serem usados.

"Ah! Mas aí está o problema: quando começamos a usá-los, aparecem as nossas falhas." Não só isso. Existem falhas também nas invenções citadas. Nada é perfeito.

Nesse caso, onde estaria o imbróglio?

Para responder, vamos ao nível pessoal. No seu círculo social, quantas pessoas são melhores do que se acham? As mais distantes sempre parecem incríveis, enquanto as mais próximas são cheíssimas de defeitos. Quanto mais próximas, pior.

Os mais próximos só são piores porque se tornaram nosso espelho. Não os encaramos como estranhos, como outros, mas como "outreu" — o outro em quem nos refletimos. Como grave consequência, perdemo-nos de nós mesmos.

Não ser digno de si mesmo é possível? Não só é possível, como também é uma doença gravíssima que conduz à morte. Morte em vida. Um antigo analisante, de anos atrás, é um exemplo perfeito dessa doença da qual todo mundo tem um pouco.

Esse homem foi criado em uma família numerosa, com conflitos básicos: uma mãe nervosa-dedicada e um pai desorientado-afetivo. A mãe morre e ele é deslocado para longe dos seus. Sofre, estuda, refaz sua vida social, constrói uma carreira da qual se orgulha, se faz amar e ser respeitado. Belíssima história de vida.

Mas o sujeito não usufruía nem um pouco das suas conquistas. Não era ele que tinha passado por tudo aquilo. Os olhos só enxergavam os ideais de perfeição não alcançados, estavam cegos em relação a seus próprios feitos. Feitos transformados, assim, em tão pequenos, tão... "indignos".

Se fôssemos escrever a história da nossa vida, com certeza ela seria muito mais bonita do que costumamos pensar. Essa história narraria os pequenos grandes feitos do dia a dia, conquistas normalmente difíceis.

Em geral, esquecemos os custos de cursar uma faculdade ou o preço de adquirir o imóvel onde moramos. Há uma lista infinita das nossas realizações, mas vamos diariamente passando por cima delas, distraídos pela beleza insuspeita das nossas pequenas grandes conquistas.

Será que não somos dignos da vida que nos foi dada? Ou, ao não nos reconhecermos (leia-se: valorizar quem somos e não quem deveríamos ser), ficamos pequenos demais, falhos demais, com medo até de receber um elogio e não ser digno dele?

Talvez, exatamente por isso, tenhamos atitudes tão pequenas, tão covardes, tão indignas, como esse meu antigo analisante. Não que sejamos assim, mas por acreditar que somos; quando o que de fato criamos na vida é o que verdadeiramente atesta quem somos.

Não falta dignidade; falta valorizar o que se fez e o que se é.

O BENDITO NÃO QUE É SIM

Valéria Belém

"Dizer não é dizer sim
Saber o que é bom pra mim
Não é só dar um palpite
Dizer não é dizer sim
Dar um não ao que é ruim
É mostrar o meu limite, é mostrar o meu limite."

Dizer não é dizer sim, Kid Abelha

A palavra "não" é uma negativa? E se eu disser que pode ser justamente o contrário? Positivo de uma SEPARAÇÃO NECESSÁRIA E OPERANTE nas teias da mistura em que a gente se enrola com os outros da nossa vida — e chega a dar nó.

E, para entender isso, vale até resgatar um caso trazido à clínica.

Certa mãe tinha quatro filhos e um relacionamento bem difícil com o caçula. Tudo oferecido para o menino era diferente, sempre mais, melhor, que para os demais irmãos. Nem assim as coisas se acertavam.

Em uma sessão, ela trouxe à tona um fato ocorrido na gravidez. Na verdade, um fato NÃO ocorrido enquanto ela aguardava a chegada do parto. Um esquecimento.

A mãe, que já tinha duas crianças e acreditava esperar apenas um bebê, descobriu estar grávida de gêmeos — e somente após meses dessa descoberta percebeu que ainda não havia escolhido um nome para o filho-surpresa. Como consequência, sobreveio uma culpa *enorme*.

O resto é história já contada: ela tinha uma conta eterna em aberto com aquele filho. Estava sempre em débito. E continuava dando, dando, dando...

repetindo uma posição que só trazia desconforto e desencontro.

E, como essas coisas acontecem naquele lugar onde o homem não é senhor, ou seja, no inconsciente, foi na análise, ao passar por uma fresta e vir ao mundo, que essa mãe percebeu seu movimento e sua responsabilidade na história. Para além de dar nome ao seu sintoma, um analisante é convocado a transformar esse embrulho, algo que é *seu*, em outra coisa.

Foi o que ela fez. Fazer diferente exige coragem! Ela mostrou ao filho que, a partir daquele dia, não existiriam mais regalias, nada além da parte que cabia a cada um naquela história familiar.

E, para o filho, foi... um *alívio* enorme. Então, ele também era amado? Não precisava ser compensado pela diferença de afeto que imaginava existir por trás daquela posição materna?

Dito assim, parece simples. Mas não é. Dizer *não* é correr um risco enorme. O risco de assumir um desencontro que, muitas vezes, não nos achamos preparados para reconhecer que existe. Um risco de não darmos ao outro uma completude que, na verdade, jamais existiu (muita gente não quer saber disso). E é justamente no espaço, na incompletude, que permitimos — a nós mesmos e ao outro — um lugar para a construção de uma história própria.

Um não bem-dito é um não bendito, porque faz emergir um sujeito que deseja, um espaço que permite movimento (vida é movimento!). Encontrar a *sua* maneira de se colocar no mundo e nas relações torna possível a experiência de um prazer sem paralelo.

A potência para fechar contas e virar páginas. Isso é o que desejo para você hoje.

OS ÚTEROS QUE A VIDA NOS DÁ
Luciene Godoy

Quando tudo está desabando em nossas cabeças, às vezes dizemos que gostaríamos de voltar para o útero materno. Cultivamos a sensação de que, antes de começarem todas as mudanças, conflitos, desafios a serem vencidos, tínhamos a paz do útero materno.

Verdade! Lacan, em seu livro "Os Complexos Familiares", explica que o habitat pré-natal se mantém em nosso inconsciente e sua representação aparece em formas simbólicas primitivas, como a caverna ou a cabana, apontando para a busca do "paraíso perdido de antes do nascimento".

Definimos o útero como abrigo e proteção. Ah, a doce nostalgia de nos sentirmos seguros e protegidos...

Será que o útero da mãe, aquele de antes do nascimento, é o único que teremos na vida? Acho que não.

Dia desses, depois de horas atarefada, fui surpreendida ao chegar ao meu quarto e ser acolhida por uma sensação de entrar num lugarzinho protetor e agradável, que me recebia e me abraçava. Tapete macio sob os pés descalços, cortinas diáfanas fechadas, lençóis brancos, sedosos e cheirosos. Se isso não for um tipo de útero, diga-me então o que é.

Tomada por essa sensação, segui para o banheiro e idem. A impressão de entrar num território circunscrito, numa bolha pessoal, onde a água gostosa acariciava o meu corpo, os produtos limpavam e perfumavam a pele. Útero com água.

Nos dias subsequentes, fui me dando conta de quantas vezes entrei naquela casa e senti que estava chegando ao "meu lugar". Só agora me dou conta de que ela era o meu "grande útero".

O carro é outro útero que temos. Esse se parece muito com o útero materno, inclusive porque podemos nos deslocar dentro dele. É por isso que carro acalma bebezinhos. Acalma adultos também. É só curtir a sensação.

Estar dentro do abraço de uma pessoa amada é o "útero-pele", um toque de vida. Existem tantos outros lugares que nos dão a sensação de estarmos dentro e protegidos! O problema é que, muitas vezes, não notamos, degustamos ou nos nutrimos do bem-estar oferecido.

Tem "útero-cinema", "útero-teatro"... Sem contar aqueles "úteros abertos". Por exemplo, uma praia, um campo, um cerrado, o topo de uma colina, o topo de um prédio, enfim, espaços que nos presenteiam com a amplidão acolhedora e aberta. O suave vento da liberdade que também abraça. Abraço aberto que convida para sair e curtir o mundo.

Aliás, nosso mundão, o Planeta Terra, com seus ruídos, movimentos, cheiros e texturas, é um grande útero pulsante, com o dia e a noite, o inverno e o verão, a chuva e a seca.

Diante de tantos úteros, por que não pensar no útero dos úteros, que pode muito bem ser nosso próprio corpo? Esse corpo que nos abriga. "Útero-corpo", dentro do qual entramos, fechamos a porta e nos deleitamos ao nos sentirmos. Ou, ao contrário, nos abrimos para sentir o outro.

Temos, pois, tantos abrigos, tantos mundos que nos protegem.

O "útero-eu" é a casa mais próxima, mais sua, mais amada.

SOLTE SUAS PELES
Valéria Belém

"O que será, que será?
O que não tem governo nem nunca terá
O que não tem vergonha nem nunca terá
O que não tem juízo."

O Que Será (À flor da terra), Chico Buarque

A atmosfera, a cebola e o solo são estruturados em camadas. Os seres humanos também. Nós temos várias camadas montadas ao longo de anos, em nossas identificações. Por exemplo, Celso é um cozinheiro de mão cheia. O avô dele também era. Celso é naturalmente um cozinheiro habilidoso ou essa característica foi construída para agradar o avô ou a família? Pode ser uma coisa, pode ser outra, pode ser algo além.

A questão posta para nós, feitos de carne, osso e inconsciente, é que essas camadas, ao serem paulatinamente retiradas, nos permitem descortinar quem somos. Não se assuste com esse "descamar", afinal de contas, sempre sobra um resto, que é o que nos constitui. Um outro exemplo é da pianista que, ao fazer seu trabalho, imaginava tocar piano somente porque a mãe a forçara a estudar o instrumento desde pequena. Um dia, essa mulher percebeu que, por trás da birra pela influência da mãe, amava ser pianista. Tocar piano estava nela, *era* ela. Que maravilha enfim poder usufruir disso, afinal!

Entretanto, também sentimos um medo enorme de mexer nas identidades cristalizadas nessas camadas.

Um homem, ao ser instigado a olhar-se para além de sua função como pai, exclamou, em pavor: "O que eu seria, se não fosse pai do Cláudio?". Em casos como esse, entendemos o que é a resistência.

Esse é o trabalho da psicanálise — deitado no divã ou sentado na poltrona, o analisante poderá soltar peles. O resultado disso, como descreve o escritor e psicanalista Jorge Forbes[4], é que "qualquer tentativa de explicação de si mesmo acaba, inevitavelmente, em um ponto duro, real, resistente a qualquer nomeação, semelhante ao 'que será que será que nunca tem nome nem nunca terá', cantado por Chico e Milton".

Para o psicanalista francês Jacques Lacan, o real é tudo que não pode ser traduzido em palavras nem recoberto por imagens; é aquilo que sobra, é o resto, nossos desejos — onde existe algo ingovernável, impossível de educar, que não obedece às leis. Por isso mesmo buscamos nos envelopar para conviver com os outros em sociedade.

Para que todo esse trabalho? Retiramos essas camadas para entender como o passado impacta o presente? Não há nada mais tentador do que nomear (ou explicar) nossos sentimentos e aquilo que experimentamos. E achar que isso é suficiente.

---

4. Forbes, Jorge. **Jacques Lacan, o analista do futuro**. Opção Lacaniana: revista brasileira internacional de psicanálise. n.32, de dez.2001, p.52-53 São Paulo: Eolia.

Mas, afinal, é tão pouco, não?

A delícia das delícias é descobrir o que fazer com isso que é você, olhar para o futuro, arriscar-se em situações que tiram o pó dos sapatos, lançando os pés em outras·estradas.

Talvez — e por que não? — tão somente desfrutar do ser. Como um lagarto estendido ao sol, deixando o calor entrar. Liberdade pura.

COMO ESCAPAR DA VIOLÊNCIA

Luciene Godoy

Ainda é possível alguém vir com algo novo, propor uma sugestão inovadora para a questão da violência?

Você sabe de qual violência estou falando? Não é a violência dos assaltos, das balas perdidas, dos trogloditas no trânsito, das doenças, dos temporais, secas, ciclones etc.

Estou falando de uma violência que vou batizar com o nome de "violência extra", excessiva, desnecessária, aquela sobre a qual cada um pode interferir e fazer com que não exista em sua própria vida.

Passamos nossos dias com um friozinho na barriga, com um medo diluído ao longo do tempo, com uma "angústia basal". É o receio da bala perdida que nunca nos pega; do acidente de carro que teima em não acontecer ("mas o parente de fulano morreu semana passada num acidente"); o avião que não caiu ("mas o de Paris caiu. Tem também aquele outro que quase caiu"). E, por aí, vai.

Televisão ligada o dia todo, falando o tempo todo em violência. Por que será?

Por que as pessoas querem ouvir o fato violento, passar e repassar os acontecimentos e detalhes? Talvez por acharem ingenuamente que, se souberem de tudo, poderão se safar do mesmo destino?

Porém, o resultado desse comportamento é outro. Pensar em situações destrutivas, apavorantes, as trazem para dentro de nossas vidas. Com essa atitude, enfiamos a violência para dentro de nós como se estivéssemos enchendo uma linguiça!

Vivemos com medo de coisas que provavelmente nunca acontecerão conosco.

Essa é a violência extra: vivenciar diariamente uma quantidade extra de medo das situações que possivelmente nunca acontecerão conosco.

Você pode afirmar: "Ah, mas um dia pode acontecer, né?". Sim, pode, embora a probabilidade seja muito pequena (inclusive, estatisticamente falando). E, se acontecer, você verá que terá forças para enfrentar. A vida nos prova que sempre temos!

Se você é dos que vivem a violência pela qual os outros passam como se fosse sua, devo informá-lo: você já se encontra no sofrimento sem fim da "violência extra".

Nem precisa ter medo da externa, da real, porque você já a traz para dentro que nem fruta podre que a gente põe na sacola e leva para casa para apodrecer as boas.

É estragar a sua vida com as próprias mãos, quer dizer, com as próprias escolhas, não é?

ACEITA PATO?

Valéria Belém

Qual é o ponto sem retorno? Aquele em que não há mais como dar um jeitinho, engolir sapos ou seguir em frente sem abandonar um pedaço indispensável de si mesmo?

"Cada pessoa tem o seu", dizem à boca miúda aqueles que sussurram os supostos saberes dos outros.

E, então, como será?

E quem está prestando atenção nisso, afinal?

Muitos já passaram desse ponto há tanto tempo... Em "desrelações" que desfazem o corpo, mutilam, despedaçam... Vão esticando e esticando a corda, ignorando o próprio limite. E esse ponto acaba não tendo lugar para existir.

Dá para mudar? Dá para fazer um corpo?

Há quem diga: "Sim, já cheguei nesse lugar. Vou chutar o balde, mesmo sem saber para onde a água vai correr."

Destemida pessoa ou temida pessoa?

Fato é que ela não quer ser a mesma de sempre; não quer repetir histórias, enquanto espera pelo bem-estar que nunca chega; não se contenta em reclamar apenas para se satisfazer.

É possível passar a outro ponto, um lugar de (re) construção? De pontinho em pontinho, desenhar um corpo inteiro?

Viva! *Sim*.

Viva, viva! A resposta está na festa que é *viver*.

Viva mais o *seu* sabor nessa aventura. Como a passageira de um voo que, ao receber o terceiro e o quarto biscoitos no lugar da refeição, disse ao vizinho de assento, mordiscando um pedaço: "Adoro pato ao molho de laranja!". Diante do olhar espantado que recebeu, apontou para o outro pacotinho fechado: "A sobremesa vou guardar para mais tarde".

O companheiro faminto retrucou: "Isso não tem graça."

Na viagem de volta para casa, o mesmo companheiro, ao receber os indefectíveis biscoitos, ofereceu um deles, alegre: "Aceita pato?"

Opa! Nossas escolhas podem contagiar o mundo? *Sim*. Contagiam, multiplicam, proporcionam conexões nunca experimentadas. São pontinhos que se unem em outros corpos também. Porque, brincando e inventando, é possível produzir uma novidade, algo que transforma a lamentação em prazer.

Se é verdade, se é seu, se você cria, está valendo. Daí se muda tudo. Dessa forma, a partir de um ponto sem retorno, é possível chutar o balde e deixar a água escorrer por novos caminhos.

Inventar uma outra história, mais saborosa e divertida, é coisa desse artista que é "você".

A DOR QUE DÓI MESMO

Luciene Godoy

A dor que dói mesmo é sempre a atual.

É quando o presente está ruim que reeditamos, somamos dores passadas, para dar corpo ao que não está bem hoje. A esse respeito o psicanalista Jorge Forbes afirma que o passado que tem importância não é o que foi efetivamente vivido, mas o que inventamos para justificar as dificuldades presentes.

Proponho agora pensarmos em um outro tipo de dor, disfarçada a tal ponto que sequer nos damos conta de que ela existe: o sofrimento pelo futuro.

Não só sofremos muito com o passado como também, talvez, mais ainda, com o futuro que, não esqueçamos, não nos pertence.

Ah! Como as pessoas costumam ter certeza de que muitas coisas ruins "podem" acontecer no futuro! O verbo está entre aspas, porque o que é efetivamente vivido não é o "podem", mas o "vão" acontecer. E aí aqueles de barriga gelada com medo do futuro vivem seus dias dizendo a si mesmos: "que bom que está tudo bem, que bom que nada de ruim aconteceu". Ah, então tinha de acontecer e — mais uma vez, pela trilionésima vez — não aconteceu e os sofredores de dores que não chegaram a acontecer suspiram, aliviados!

Aliviados de mais uma certeza maléfica que não se realizou.

Para essas pessoas, o futuro é uma promessa de sofrimento. Infelizmente, para eles, mas também para nós, que temos de conviver com "urubulinos" contumazes, formando um conjunto vasto na sociedade.

E o passado? Como fazer o passado ser igualmente fonte de dor e de sofrimento?

Basta somar as más experiências passadas às pequenas frustrações inevitáveis do dia a dia, que conseguimos potencializar a dor e transformá-la em um sofrimento sem fim. Então precisamos, necessitamos mesmo, achar um local para vomitar tanto alimento ruim (alimento de alma, claro). E aí... Coitado de quem nos rodeia! Escolhemos essas pessoas como privadas para colocar para fora a comida estragada que botamos para dentro de nós.

É assim que acabamos com momentos bons, possibilidades de risos, de brilho no olhar, de encantamento, e vamos pouco a pouco destruindo nossos casamentos, a amizade verdadeira que podemos ter com nossos filhos, as relações de trabalho mais agradáveis. Tudo fica emporcalhado pelo nosso vômito, que respinga da privada no chão, nas paredes e, na pior das hipóteses, no mundo.

A dor que dói mesmo é a dor do presente.

O passado, se tiver virado passado, só nos traz lembranças que não nos afetam mais nem fazem os lábios torcerem de sofrimento. É só uma história que passou e da qual fizemos outras histórias.

Aliás, um bom antídoto para as dores passadas é viver muitas histórias no presente.

Um presente iluminado joga luz sobre as trevas de sofrimentos passados e elas, as trevas, não resistem ao nosso charme: sucumbem no abismo para o qual tentaram nos levar. Se formos amantes da vida, não daremos lugar para as trevas estacionarem seu furgão de carregar defunto. Em seu lugar, lá estará a nossa Ferrari vermelha usada para as corridas da vida.

Lembrar-se de sofrimentos passados e preocupar-se com o futuro é um esforço que exige muita dedicação.

Podemos passar nossos dias remoendo o que nos fizeram no passado e temendo o que "pode" acontecer no futuro. Vive-se muito mal por anos a fio. Vive-se a vida toda nesse investimento falido.

Portanto, a escolha permanece: passado sofrido (ou idealizado que não volta mais e que, por não voltar mais, empobrece automaticamente o presente) ou futuro ameaçador?

Façam suas apostas. As cartas estão na mesa, quer dizer, os dias estão na vida.

Sua vida nas suas próprias mãos? Será possível?

Veja suas cartas, faça seu jogo: viva a vida que tem agora ou se abisme no passado triste (ou "maravilhoso") que não volta mais ou, ainda, no futuro assustador por um lado, ou cheio de promessas mirabolantes por outro.

UM GOSTINHO DE PARAÍSO
Valéria Belém

— Eu só queria que minha mãe estivesse ali comigo. Não queria mais nada. Só a presença dela, a sopinha dela...

Com essas palavras, Renato expôs o íntimo de seus pensamentos. Um homem bem-sucedido, de acordo com os padrões estabelecidos pela sociedade, em todos os aspectos — na carreira, na vida financeira, em família — pareceu, por alguns instantes, apenas uma criança desamparada.

Estamos realmente em desamparo? E por quê?

Renato não está sozinho. Querer ser cuidado, retornar a um passado de aconchego e bem-estar, quando não se precisava pedir nada, só receber. Esse é o anseio que permeia a vida dos seres humanos. Podemos dizer algo além sobre isso: o desejo de voltar para o único lugar que poderíamos chamar de paraíso neste planeta, o interior do corpo materno, é um pensamento oculto que vive a nos rodear...

— Fiquei doente esses dias. Passei muito mal... — explicou Renato, com mais de meio século de vida já trilhado.

Foi nesse momento de fragilidade que a falta se fez presente. O buraco que está ali, em nossos corpos, tamponado pelo trabalho, pelas escolhas de curativos que fazemos no dia a dia, voltou a se abrir e a se fazer ouvir.

Com saudade no olhar e sem a presença física da mãe, Renato quis voltar ao passado. Mas o antes não retorna e temos de viver com o que se apresenta. Isso é ruim? Não. O presente tem muitas surpresas a nos oferecer. O interessante é que essa conversa com Renato começou porque expliquei sobre o sofrimento do bebê ao nascer e tudo que podemos oferecer com a exterogestação para amenizar esse trauma — o contato pele a pele do bebê com o adulto cuidador por meio da bolsa canguru ou *sling*.

Profissional de medicina, ele me olhou secamente, já cortando a conversa:

— Não é minha linha, não acredito nisso, como não acredito em homeopatia.

O que dizer depois disso?

— Podemos ajudar as mães e seus bebês. A ciência mostra isso, existem pesquisas. Quando se coloca um bebê inquieto ou irritado na bolsa canguru, ele se acalma, pois sente o calor da mãe, a respiração, as batidas do coração. As mães também se sentem mais seguras e isso evita sofrimentos — insisti.

Nesse momento, meu cético amigo, um homem adulto bem-resolvido, lembrou-se de quando ficou doente recentemente e do desejo de ter a máe por perto para oferecer alimento e cuidados. Imagine como um bebê se sente ao nascer: seu corpo precisa se adaptar ao mundo, às novas sensações desconhecidas, como frio e fome.

Renato percebeu o que me disse? Algo teria mudado dentro dele? Não sei, mas quero acreditar que sim. O mundo precisa de gente que pense mais no acolhimento de adultos, mas também naquele das crianças que prematuramente (somos todos prematuros!) chegam ao planeta ar.

Só podemos dar aquilo que temos em nós. Se recebemos pele, teremos pele para oferecer. Se ganhamos acolhimento e calor, podemos distribuir esses presentes planeta afora.

Isso se instala em nosso psiquismo de tal forma que, ao crescermos, nos sentimos muito bem em nossa própria companhia, ainda que, em alguns momentos, possamos querer o chamego bom do amor materno.

Faz sentido para você?

HISTERIA MASCULINA

Luciene Godoy

Histeria masculina existe?

Histeria e masculino são termos que não costumam estar próximos.

Histeria é eminentemente feminina. Vem do grego *hystéra*, referente a útero. Portanto, nada mais próprio da ideia de feminino do que o fato de ter um útero, pensando biologicamente.

Tradicionalmente, nomeia-se de mulher histérica aquela a quem falta o controle das emoções, que somatiza dores emocionais em doenças físicas.

Depois, começou-se a usar esse termo para expressar uma maneira de ser (o que chamamos em psicanálise de posição subjetiva), de um ser humano que não consegue se sentir capaz, potente, valoroso. Em termos psicanalíticos, a pessoa não tem o falo.

O termo "falo" é o símbolo do masculino. É a representação do pênis em sua manifestação de potência. Ao falar que alguém tem o falo, diz-se que a pessoa está em uma situação de potência.

Numa sociedade patriarcal, como a nossa, essa é a lógica dominante: o homem que tem o pênis (membro reprodutor) é o mesmo que tem o falo (símbolo da força e do valor social).

Freud morreu em 1939 dizendo-se descrente da possibilidade de os homens conseguirem se deslocar da posição agarrada cegamente ao falo, enquanto à mulher também ficaria vetada a possibilidade de se sentir possuidora do falo.

Já podemos pensar diferente no século 21.

Há muitas mulheres que, embora não tenham pênis, são portadoras de falo, já que enfrentam a vida sem intermediários, cuidando com potência de construir o mundo no qual vivem.

Por outro lado, há homens perdidos em sua condição. Eles têm o pênis, mas e daí? É preciso fazê-lo funcionar como falo. Antes o valor já estava dado só no possuir, hoje é no exercer.

A histeria é um termo hoje usado para designar a posição do ser humano que tem potência, mas não a usa ou não admite que tem.

Por isso, pode-se pensar a histeria como masculina também, uma doença que ataca homens que estão em momento de fragilidade.

Ok, entendemos que histeria, hoje em dia, também pode se referir aos homens. Mas como essa condição se manifesta?

Segura essa...

A histeria é uma manifestação, por exemplo, naquele homem que só se sente homem quando bebe. Que só dá conta da vida social com algumas na cabeça, isto é, participa de eventos do fim de semana com seu chopinho na mão. É um homem que precisa beber para se sentir forte e capaz. Por isso, muitos desses sujeitos agridem — emocional e fisicamente — suas mulheres (mas não somente a elas), porque o álcool retira grande parte dos limites impostos pelo superego, provocando uma "viagem" de potência fictícia.

Esses homens, por sua posição subjetiva, não entendem o poder que têm no mundo, encontram-se no lugar da "mulherzinha". Veja bem: não da mulher que se dá o devido valor, mas daquela cobradora incessante ou da "poderosa" que disfarça na arrogância o poder/valor que na verdade não sente em si.

É delicado dizer isso, mas o homem que precisa da bebida para se sentir apto às relações está na posição da "mulherzinha".

Se você é um desses homens, depois de ter lido até aqui, já percebeu que não dá mais para fazer de conta que não sabe. Se você não é, pelo menos avise a algum amigo que esteja nessa posição, que ela é a da criança sem potência. Será que ele vai querer continuar?

O caminho não é disfarçar, mas se lembrar de que você pode ser homem, se sentir um homem, sem a bengala da bebida, que nada mais faz do que lhe manter na posição do fraco.

Quantas brigas e agressões acontecem depois que os homens bebem?

Muitas mulheres confessam uma imensa solidão com seus parceiros, pois, na hora da diversão, eles se refugiam em seu mundo autocentrado e fingem estar se divertindo com os outros.

Podemos escolher ser homem ou ser mulher. Logo, por que escolher ser uma mulherzinha/criança que se esconde atrás da bebida? Isso é para os covardes.

Fazer a escolha de estar com os outros e com o companheiro de cara limpa e orgulho de si mesmo é um caminho possível.

De qualquer forma, vale lembrar: a felicidade não é para covardes.

QUAL É O SEU MOVIMENTO?

Valéria Belém

"Que pode uma criatura senão,
entre criaturas, amar?
Amar e esquecer,
amar e malamar,
amar, desamar, amar?"

Carlos Drummond de Andrade[5]

---

5. Amar. In: Nova reunião: 23 livros de poesia.

"Por INÉRCIA eu continuava naquele MOVIMENTO."

Pesquei e anotei essa fala de uma analisante na agenda. Mais tarde, no mesmo dia da sessão, ela me pediu que lhe enviasse, para que pudesse pensar mais sobre o que havia dito.

O inconsciente se expressa por diferentes vias, mas nem sempre a pessoa consegue pescar. Voltando à frase, é verdade, mesmo que pareça esquisito a princípio. Por que as palavras inércia e movimento estão juntas? Como é que por inércia se continua em movimento?

Só uma sessão de análise para dar conta disso. *Disso* que a linguística já nos falava sobre, que são as palavras antitéticas. Antitético é o oposto. São antitéticas as palavras alto e baixo, por exemplo. Ao estudar a língua egípcia primitiva, o filólogo Carl Abel mostrou que existiam vários vocábulos com duas significações, uma o oposto da outra. Além disso, os sentidos opostos não se excluem — um existe em relação ao outro. Sabemos que alguém é alto porque há outro baixo.

Os opostos estão em nós, em nosso inconsciente, que é estruturado como uma linguagem, e nas formações que produz. Sigmund Freud apostou ter observado isso nos sonhos. Ele escreveu a respeito no texto sobre o sentido antitético das palavras primitivas: quando sonhamos, existe uma preferência por combinar os contrários em uma coisa só. Ficou bem satisfeito ao conhecer os estudos de Abel. Mas essa questão tem sido muito debatida desde aquela época, com argumentos contra e a favor.

Fato é que pensamos e significamos o mundo de forma contrastante. Os poetas que o digam. Expressam sentimentos de contradição em palavras escritas. Somos tocados porque nos identificamos. Vamos amar e malamar, amar e desamar, como disse Drummond.

Quando a civilização exige coerência, não temos o que oferecer. As pessoas se estranham ("Não estou me entendendo!") ou se acham esquisitas, porque o contraditório está sempre presente em nossas vidas.

Como a analisante que, por inércia, continuava em movimento. O que ela queria dizer, afinal? Seria "eu ando (ou acredito estar andando), gasto uma energia danada nisso, pareço estar fazendo o oposto do que fazia antes, mas, no fim das contas, não saio da mesma posição"? Será que, nesse caso, a pessoa acredita estar em movimento, se deslocando, mas está apenas repetindo os mesmos caminhos, se mantendo fixa?

Ouvir o inconsciente, do jeito que ele consegue se expressar, é um movimento, ou seja, ser uma pessoa curiosa sobre si mesma já possibilita ir a um novo lugar. Não é coisa simples, porque o novo assusta, mas, quando o incômodo se torna insuportável e o estranhamento causa um mal-estar constante, talvez seja hora de se permitir sair da repetição e usar uma pele renovada para estar no mundo.

VOCÊ A DOIS

A relação a dois é o espaço em que as pessoas vivenciam os maiores desencontros.

É nele que mais se manifesta a confusão eu/outro, porque trata-se, na verdade, de um encontro eu/eu.

Uma relação a dois torna-se um desafio pela necessidade de perceber o outro como diferente de mim, *não* sendo quem imagino/imaginei/projetei para o futuro. Essa percepção é necessária para que as relações possam ter esse nome/número, *dois*.

Em muitos casos, a relação a dois é tratada como "relação a um", até a sua extinção na separação ou na queda no descaso das relações mortas-vivas.

Podemos aprender a amar o outro, que vai somar e dividir conosco muito de sua vida?

Podemos USUFRUIR de um outro corpo tão próximo e tão cheio de prazeres possíveis, sem tantos desencontros, colisões e destruição?

Convidamos você para aprender, com preciosas pitadas de conhecimento psicanalítico misturadas com a poesia da vida-como-ela-é, a construir uma Vida a Dois, livre dos lixos que jogamos nela.

Que possamos viver a dois e, mais do que isso, Voar a Dois.

Que delícia poder viver a dois no século 21!

O AMOR QUE ENRIQUECE E O QUE EMPOBRECE

Luciene Godoy

É fácil reconhecer um casal em começo de namoro: olhos nos olhos (que brilho!), conversam e — pasmem! — se escutam; sorriso nos lábios, corações flutuando. Quando observamos um casal que já passou dessa fase (que pena, não seria preciso), há silêncio ou brigas em meio aos diálogos; olhos que se evitam, olhos de peixe morto.

Em termos psicanalíticos, isso significa que a relação começou simbólica, mas, passou a ser imaginária. No simbólico, há o lugar da conversa, da troca de ideias, da criação de mundos melhores. No imaginário, busca-se fixar o outro para que não haja mudança, para se sentir seguro.

Podemos dividir a relação em dois tempos: no primeiro, o mundo se abre em novas perspectivas; no segundo, o mundo se fecha para que não haja risco de perder o outro. É preciso controlá-lo, aprisioná-lo.

No registro simbólico, o ser humano, a partir da fala, vai se construindo e se modificando constantemente, até o fim da vida. Quando falamos, podemos nos escutar, nos perceber e, assim, nos deslocar, aprender, melhorar. Se não temos essa permissão, estagnamos, paramos de crescer e, portanto, começamos a nos empobrecer.

No imaginário, buscamos, narcisicamente, fixar o outro numa imagem imutável. A partir desse momento, não há mais espaço para saber quem é a pessoa ao nosso lado, pois ela só existe para atender aos nossos desejos. A relação se torna previsível, porque nossos atos, no fundo, servem para limitar e controlar o outro e assim não correr o risco de perdê-lo.

O parceiro precisa ser impedido de ser do seu jeito, tem de existir para nos atender, da maneira que nos agrada, senão...

Só sentimos prazer naquilo que confirma ou enriquece nossa identidade. Amamos quem nos olha e nos fala sobre nossas características de modo construtivo. Na convivência cotidiana, que funciona muito na intolerância narcísica do tipo "o mundo é só meu", a presença de qualquer outra pessoa, e principalmente a do ser amado, incomoda. Críticas e agressões surgirão, massacrando o amor-próprio de quem as recebe.

Em algumas situações, é preciso conversar com o parceiro sobre algum aspecto que pode ser melhorado. A melhora pode ser na relação, no outro, em mim (essa é a parte mais difícil). Entretanto, aqui estou falando de outra coisa. Falo do processo no qual "inventamos" falhas que o outro efetivamente não tem e então, apenas por ele/ela não caber no quadro que pintamos, começamos a jogar pedras. A relação, antes construtiva, passa a ser destrutiva.

Quando não estamos satisfeitos com quem somos, queremos obter tudo do outro, e não temos para dar. A coisa acontece nessa ordem:

Queremos que o outro atinja um ideal de perfeição que nem nós somos capazes de atingir.

Queremos que o outro esteja sempre disposto a nos acolher, ajudar, perceber, considerar etc.

A grande questão é que não damos conta de ter um amor e, mesmo assim, ao mesmo tempo, nos sabermos sós.

É bom saber que o ser amado não tem de ser sempre bom, compreensivo e daí por diante. Só os bebês precisam de um cuidador ao seu lado o tempo todo, para garantir seu bem-estar, uma vez que não conseguem sobreviver sozinhos, o que, fala sério, não é nosso caso!

Por exemplo, justo naquele dia em que você está péssimo, brigou no trabalho, tudo deu errado e espera conforto do ser amado, ele também está de mau humor e não lhe dá o acolhimento esperado. Aí você fica pelos cantos se mordendo de raiva como se ele lhe devesse "algo".

O outro não deve nada, não! Ele faz o que quiser e puder. Não é porque temos alguém que ele tem que estar sempre presente. Ele também vai estar ausente, vai deixar você na mão, porque é assim que funciona uma relação adulta. Repito: o bebê é o único ser humano que não pode ficar desamparado.

Damos conta, sim, de sermos frustrados, mas não queremos que isso exista na relação e, é claro, vai existir, o que nos deixa como eternas crianças emburradas, com beiços caídos e olhares pedintes ou raivosos.

É fato: vivemos mais infelizes pelo que não temos, do que felizes pelo que temos.

Nas palavras do grande poeta Carlos Drummond de Andrade: "Nossa dor não advém das coisas vividas, mas das coisas que foram sonhadas e não se cumpriram." Dá para contestar?

Porque queremos demais do outro, terminamos estragando nossas relações. Se não aceitarmos o possível, se não aprendermos a nos alegrar com o parcial, pode acontecer aquilo que, muitas vezes, ouvi na minha infância e que nunca esqueci: "Quem tudo quer, tudo perde".

DOIS PASSOS PARA TRÁS

Valéria Belém

Experimente chegar bem perto de alguém, tão perto, que é possível sentir seu bafo quente. O que você consegue enxergar dessa pessoa, numa proximidade extrema?

Você pode se lembrar de algo que ela sempre teve no rosto, como uma pinta (mas, será que esse detalhe ainda está lá?), de uma característica (por exemplo, a pessoa sempre usa uma mecha de cabelo atrás da orelha); ou até inventar um detalhe (talvez haja um respingo de molho no queixo). Mas o que realmente é possível ver quando a pessoa está tão, tão próxima de nós? Duvido que você consiga enxergar algo.

Para ver uma pessoa, é preciso se separar um pouco dela, tomar uma certa distância, dar dois passos para trás. Dessa forma, poderemos olhar esse alguém e, não, nos prender ao que ele foi um dia ou ao que imaginamos.

Reconhecer o outro é ainda mais trabalhoso. É fazer o movimento de enxergar que existem desejos e sofrimentos nele que são singulares e que explicam como se comporta no mundo, ou onde está naquele momento da sua trajetória.

No premiado filme "História de um Casamento", de Noah Baumbach, vemos a história de um casal que se ama, mas um não enxerga no outro o que ele tem de mais seu, que o diferencia radicalmente de qualquer outra pessoa. Na construção de laços nos relacionamentos, é comum ver alguém ceder até não mais reconhecer onde está o seu desejo. É dessa forma que se "mata" alguém, mesmo que essa pessoa respire, se alimente, escove os dentes ao seu lado.

No filme, os personagens Charlie e Nicole contam ao público por que se amam intensamente. São motivos tão particulares e íntimos. E não são poucos! O que se perdeu no caminho, então?

Conforme a trama se desenrola, o expectador vê de tudo, inclusive uma traição. Mas não é isso o que interessa. O que se perde na relação do casal é justamente a existência de duas pessoas que se encontraram e, em certo momento, só restou um. Nicole, tão desconhecida de si mesma, poderia ser a mesma mulher de antes para Charlie? Durante o filme, entendemos que Nicole passou a viver como a música de Caetano Veloso: "Pois quando eu te vejo eu desejo o teu desejo."

A histérica do final do século 19 e início do século 20, que levou Sigmund Freud a refletir e desenvolver sua teoria sobre o inconsciente, era, segundo ele, a mulher que sofria principalmente de reminiscências. Aquilo que ela não podia expressar, que não tinha valor nem reconhecimento na sociedade, emergia no corpo sob a forma de dores, contrações, tosses — o que chamamos de sintomas.

E era justamente a cultura da época, repressora e limitante, que determinava o lugar fixo que a mulher poderia ocupar. Aqui falamos da família e de todas as estruturas sociais que a aprisionavam, a sufocavam, a impediam de existir. De *existir*. E como a infelicidade é ruidosa!

Tanto mudou, mas ainda somos tanto os mesmos. Na arte atual, que recria a vida cotidiana, a negligência de Charlie (que não viu e não ouviu Nicole), o autoabandono de Nicole (que se deu ao outro até quase se perder), a proximidade que torna tudo sem contorno, levaram o casal a um ponto sem retorno. Para existir, Nicole precisou de afastar, não dois passos, mas quilômetros.

A histeria, o "cale-se" de ontem, que parece tão distante de nós, seres evoluídos e habitantes da pós--modernidade, está bem ao nosso lado, em frente a nós, talvez dentro de casa.

Existem saídas para essa situação, maneiras de sofrer menos. Muitas mulheres engolem as perdas e seguem em frente, adoecidas. Outras, como Nicole, abrem mão de algo para não perderem tudo. Mesmo que esse seja um processo doloroso e, ao mesmo tempo, profundamente libertador.

QUANDO UM ESTÁ BEM, O OUTRO ESTÁ MAL

Luciene Godoy

Não digo que seja sempre assim, mas digo que acontece mais do que supomos!

Já notou quantas vezes um casal está em um barzinho, em uma festa ou em casa e, enquanto um está bem-humorado, o outro está emburrado ou, pelo menos, mais fechado, mais sem gracinha?

Em psicanálise, é o que chamamos de "relação em espelho". Que relação engraçada essa! É que, no espelho, vemos o nosso igual e o nosso oposto. Constatação óbvia, mas que quase ninguém costuma pensar: no espelho, nosso braço esquerdo vira o direito; o olho direito, vira o esquerdo. Os dois lados ficam trocados, mas o rosto continua o mesmo. Tudo *igualzinho*! Enxergamos os lados trocados, o oposto, mas, ao mesmo tempo, o seu igual.

Que coisa esquisita!

Por isso, nas nossas relações mais próximas, existe um risco muito grande de mistura, de eu me confundir com o outro. O recurso mais "básico" (e ineficaz) para que eu não me confunda com o outro é vê-lo como meu oposto.

Olha só as armadilhas da convivência e da proximidade!

Freud deu um outro nome para a "relação em espelho": narcisismo. É o meu reflexo no outro, visto como meu igual e meu contrário. Essa é uma das razões que tornam a proximidade tão difícil para o ser humano.

O que não admito em mim, projeto no outro, é o que diz a teoria do narcisismo.

Você já ouviu falar da história dos porcos-espinhos que estavam com frio e, ao se encostarem para se aquecer, para confortar uns aos outros, espetavam-se e machucavam-se?

Esta situação de se machucar ao se aproximar parece muito mais com a do ser humano do gostaríamos de admitir!

Em síntese, quando não reconhecemos algo em nós, tendemos a jogar no outro. Não só coisas que nos desvalorizam, mas também nossas qualidades. Por exemplo, no processo de apaixonamento, o outro é tudo e, eu, nada. Freud afirma que, ao outro, são atribuídas todas as riquezas, enquanto o eu do apaixonado fica empobrecido.

Daí o fato de tantas músicas cantarem as agruras do apaixonado infeliz e abandonado, triste porque a paixão faz sofrer. E faz mesmo! Que pessoa há de querer alguém que não se valoriza? Pois o eu empobrecido é isso, alguém que não vê o próprio valor e o projeta no outro.

Como vemos, projetamos qualidades ou defeitos no outro. No fim, é o mesmo processo: alienação na imagem do outro, cegueira sobre si mesmo.

Parece desnecessário reforçar, mas separar o "eu" do "outro" é preciso, senão, os espinhos não nos deixarão nos aproximar, nos amar e nos acalentar.

AMIZADE E DESEJO NO MESMO LUGAR

Valéria Belém

Ela está amando. Sorri, feliz, pois namora pela primeira vez na vida. Sim, aos 87 anos, com netos e bisnetos em sua história, contada para o Brasil pelo jornal Folha de S. Paulo.

Therezinha Alves é o nome dessa bisavó que mora em Guarulhos, mas poderia estar em qualquer lugar do país. Afinal, seu relato é parecido com os de outras centenas de mulheres que viveram um casamento arranjado na adolescência (no caso dela, ficou noiva de um primo que havia visto uma ou duas vezes antes da cerimônia). Dona Therezinha não reclama da situação, apesar de gostar de outro rapaz na época, e garante que o amor veio com a convivência após o matrimônio.

Nesse tempo passado, que nem foi há tanto, havia outra forma de viver os relacionamentos. Isso nos remete à diferenciação feita pelos gregos entre o amor erótico, Eros; a amizade, Filia; e a fraternidade/aceitação universal das pessoas, Ágape. Com bastante frequência, Eros ficava do lado de fora do casamento — pois, à esposa, estava reservado o sagrado papel de companheira, aquela que dá aconchego, segurança, conforto, tranquilidade.

Não nos desfaçamos desse conceito. Sim, companheirismo e amizade também forjam a estrutura dos bons relacionamentos. Porém, não é mais aceitável "prometer" um filho ou uma filha a um outro desconhecido, sem considerar seus sentimentos, seus desejos ou até mesmo sem perguntar se a pessoa vislumbra em seu futuro o compromisso do casamento. Pode ser que sim, pode ser que não. Além disso, houve outras mudanças na pós-modernidade.

Sobre Therezinha, essa história ocorreu há poucas décadas. Ela viveu nesse tempo passado. E, agora, vive o tempo presente — que, sem exageros, é um verdadeiro presente para ela. Ela namora Antônio, que conheceu no pensionato onde vivem. Dá e recebe carinho, experimenta uma delícia de encontro! Ela viu e foi vista, quis e foi querida, sonha e faz sonhar. Este mundo outro, TerraDois, como nomeia o psicanalista Jorge Forbes, é o lugar por excelência das escolhas e da responsabilidade, no qual Eros e Filia se amarram aos casais porque eles assim desejam.

Então, por que, neste novo tempo de novas estruturas e pensamentos, ainda há quem se disponha a manter Eros e Filia em espaços separados?

"Esse tipo de infidelidade, na época atual, perde muito do seu status. Vira um pouco bobo isso, pessoas que continuam com esse tipo de prática. A singularidade dos relacionamentos é mais importante que a padronização deles. A grande necessidade que vamos ter pela frente é saber que no novo amor da pós-modernidade

Eros não estará longe de Filia. Agora, será que eles vão se amarrar nos mesmos casais o tempo todo ou não?", instigou Forbes em uma conferência do Instituto da Psicanálise Lacaniana.

As novas relações têm de tudo para serem mais "infinitas enquanto durarem". Muitos estudiosos já se debruçam para entender esse tempo em que vivemos. "É de cada um se perguntar como está sendo nas suas vidas", concluiu Forbes.

Esse amor é muito mais arriscado e igualmente mais satisfatório, pois vamos compondo e misturando Filia e Eros como mais nos aprouver.

E Therezinha? Aos 87 anos, ela sabe muito — não porque envelheceu, mas porque escolheu fazer da vida um lugar novo para ser feliz.

ADIVINHE QUAL É A ÚNICA EMOÇÃO UNIVERSAL

Luciene Godoy

Uma pesquisa que li casualmente se propunha a descobrir qual seria a única manifestação de emoções genuinamente universal. Imediatamente pensei no choro e no riso. Errei, sem nem passar perto.

Então, seria o cenho franzido, indicando raiva, os lábios comprimidos, o corpo em posição de ataque? Mais longe ainda.

Melhor parar por aqui, senão o tempo se esgota. Sabe por quê? Nenhuma dessas emoções se manifesta de forma igual nas diferentes culturas do planeta Terra.

A pesquisa indicou uma única resposta universal de manifestação de sentimentos: a íris aumenta quando se tem interesse em algo — o olho cresce e se ilumina. Não tem disfarce.

Anos atrás, recebemos o psicanalista Contardo Calligaris em nossa chácara em Caldas Novas. Numa conversa com amigos à beira da piscina, compartilhei o quanto achava gostoso namorar casada. Calligaris, sem perder o timing, sorriu maliciosamente, porque imaginou algo como "namorar com um e estar casada com outro".

Caímos na gargalhada e eu emendei: "É namorar o próprio marido." Silêncio sepulcral. Voltei à carga: "Namorar casado é possível, porque, enquanto um quiser conhecer o outro — se não estivermos doentes na fixidez neurótica —, crescemos e mudamos para sempre, portanto, podemos também namorar para sempre."

Namorar é querer continuar conhecendo o outro, saber quem ele vai se tornando na vida. Namorar é querer aprender com o outro, ouvir o que ele tem a dizer sobre tudo. Namorar é mudar consigo mesmo e com o outro. Essa é uma maneira de continuar a compartilhar a vida com o outro, a não se enterrar no "casamento-túmulo-do-amor".

O biólogo molecular norte-americano Bruce Lipton, que estuda as relações entre as células a partir do contato da membrana celular com o mundo externo, encontrou nelas muitas similaridades com o comportamento do ser humano.

As células se mantêm em duas relações com o mundo: uma de abertura, quando o meio externo é nutritivo; outra de fechamento, quando o meio é nocivo, tóxico.

A abertura significa querer aprender, se nutrir com o que está do lado de fora. O fechamento, querer se proteger da ameaça externa detectada.

Vale a pequena fórmula:

Abertura = risco e crescimento.

Fechamento = fixidez e morte.

Equilibrar essas duas posições é da ordem do *savoir-y-faire* (saber-fazer-ali com cada situação), de acordo com Lacan.

O adulto, geralmente já com tantas decepções acumuladas e algumas aberturas que deram certo, segue repetindo as mesmas respostas. De vez em quando, tira a cara para fora da trincheira, às vezes é alvejado, às vezes é recebido com uma lufada de ar fresco e uma bonita paisagem.

Mas a criança, é essa que tem os olhos abertos para as descobertas, quer aprender. Por essas duas razões, vai vivendo (e não se protegendo).

O que talvez não tenhamos percebido é que o interesse e o movimento nos protegem também. Andar e deixar ataques e tristezas para trás, no passado, já nos protege o suficiente, sem precisarmos nos fechar em uma armadura asfixiante.

Desejar, querer descobrir, inventar, arriscar-se e se surpreender, usufruir do mundo, são possibilidades só para quem anda com os olhos bem abertos.

Namorarmos nosso cotidiano, nossos amigos, nossa família. Namorarmos nosso trabalho, nossas férias e fins de semanas.

Namorar a vida... de olhos bem abertos, para descobrir coisas relevantes com as quais convivemos e que "não existem" porque nossos olhos estão ou fechados ou olhando para o passado e/ou para o futuro, mas não para o presente.

A vida para ser vivida... só de olhos bem abertos.

Você morrerá sem saber tudo o que você mesmo é. Você morrerá no meio de sua própria construção.

Morra inventando-se e namore eternamente o mundo e a você mesmo... sempre de olhos bem abertos.

EXISTE UM
Valéria Belém

Você é apresentado a alguém e sua cabeça logo fica cheia de pensamentos: "O que será que ela/ele achou de mim?", "será que pareço inteligente?", "estou bonito?", "ela/ele sorriu, então deve ter gostado do que viu."

Imagine a quantidade de energia que você gasta o dia inteiro, quando se desconecta de si mesmo, para se colocar na cabeça do outro, sem ter a menor noção do que ele está realmente pensando. Já pensou que a pessoa pode estar com a mente vazia naquele momento, enquanto você está ali, cheio de suposições?

Tentar entrar no outro em vez de habitar a si mesmo é extremamente cansativo. E mais: todo esse movimento é totalmente infrutífero. Além de não levar a lugar algum, nunca saberemos o que o outro está realmente pensando. Às vezes, nem a própria pessoa sabe.

Atender às expectativas que você mesmo criou, tentar agradar as pessoas próximas não é garantia de nada. Por exemplo, uma mulher que fez tudo "direitinho" — manteve o corpo em forma, aprendeu receitas saborosas, riu na hora certa, fez amizade com a sogra, acompanhou o namorado a todas as festas e nunca disse palavrão — de repente vê o relacionamento acabar. Pior, é "trocada" por outra mulher que não faz nada disso.

Agora, imagine essa mesma mulher, mas em outro roteiro. Ela finalmente realizou seu maior desejo, estabeleceu um lar, um lugar onde continua fazendo tudo "direitinho". Os anos se passam, até que, um belo dia, ela acorda com a sensação de que o "direitinho" não foi traduzido em alegria, em felicidade. E agora?

A questão, querido leitor, é que não adianta mudar o cenário (trocar de parceiro, por exemplo) se você continua invadindo o outro para se sentir seguro.

Simplesmente não vai funcionar, nem com o parceiro do seu relacionamento amoroso, nem com seus pais, irmãos ou amigos.

Na adaptação para o cinema do livro "Comer, Rezar, Amar", baseado na história real de Elizabeth Gilbert, a personagem, já em um novo relacionamento depois que se divorcia, vai a uma festa e ouve um comentário que a abala. Um amigo observa que ela está uma pessoa completamente diferente ao lado do novo namorado, se vestindo e até falando como ele — e que antes isso também acontecia em relação ao marido. "Sabe como as pessoas começam a parecer com seus cães?", exemplifica.

Até aquele momento, Elizabeth não sabia, como muita gente não sabe, que existe *um* em cada *um* de nós. Fora da pele do outro, fora do tecido da cultura que tenta nos padronizar. Repetitivo? Sim, mas é isso mesmo. Ao desfolhar e abandonar as cascas de "supostos quereres" alheios, você pode encontrar essa pessoa — que é você, afinal. Esse sujeito que precisa emergir para *se* garantir pelo que tem de melhor: o poder de ser *um* alguém.

Podemos começar nessa trilha considerando linda a palavra "separado", pois é ela que nos leva a conseguir viver junto, sem estar dentro da cabeça e na pele do outro.

Que tal?

EU NÃO SEI O QUE ACONTECEU

Luciene Godoy

O ser humano segue uma racionalidade. As coisas têm causa e consequência.

Ok, é verdade.

Mas, e tudo o que acontece com a gente, e não conseguimos entender o que provocou a mudança? Paramos, pensamos, analisamos se fizemos algo que explique, mas concluímos que não houve nada.

O que acontece com o princípio da causa e consequência quando nos deparamos com uma consequência, mas não localizamos a causa?

A criança, quando vê os pais felizes, pensa que eles estão contentes com ela. Se os pais estão infelizes, idem, é ela também a causa.

No relacionamento amoroso, isso tende a se repetir da mesma forma.

Amanhecemos felizes, o dia parece cheio de promessas, olhamos para o lado, mas nosso amor está de cara fechada. "Ai, ai, ai, por que ele está assim? Eu não fiz nada. Estávamos tão bem na hora de dormir. E agora, o que aconteceu?" Ao longo do dia, o mal-humorado continua dando cacetadas no feliz, em suas tentativas de aproximação. Até que o feliz, vitimizado, se revolta: "Por que está me tratan-do assim, se eu não fiz nada?"

Já ouviu dizer que, se você fizer a pergunta erra-da, jamais chegará à resposta certa? Assim como as crianças, por que sempre relacionamos o estado de espírito de quem convive conosco com alguma ati-tude nossa?

O outro tem um universo interno do qual não fa-zemos parte. Seu passado é construído por fatos e sentimentos que, às vezes, a própria pessoa desco-nhece — com significações, interpretações que ela dá aos eventos do dia a dia. Em geral, não temos nenhum poder sobre esse processo.

Em vez de procurar "o que fiz de errado para ele/ela ficar assim?", se distancie. Pense que a situação pode não ter nada a ver com você, mesmo que o outro diga o contrário. Às vezes, ele está imerso na confusão e na indiferenciação dos mundos interno e externo. Olhe de longe e diga: "Não é comigo."

Desse lugar distanciado, você pode tentar ajudar. Deixando o outro falar. Dando conta de escutar sem se misturar. Tendo você a calma e a serenidade para dar ao outro o tempo de "por pra fora". Não se esqueça: a boca fala do que o coração está cheio.

Dê ao outro o tempo necessário para se escutar e, só assim, chegar a descobrir, quem sabe, o motivo do mal-estar, que muito frequentemente não está fora, mas dentro da pessoa, na sua maneira de processar os fatos do dia a dia.

AMAR O REAL
Valéria Belém

Quando vi Seu Dito, ele saía do banheiro. Não se assustou, apenas sorriu, alegre, e começou a conversar comigo. A suíte tinha uma janela, que dava para um lindo caramanchão, e aquilo logo me chamou a atenção. Seu Dito me explicou que alguém convocara um jardineiro para podar aquela belezura, mas ele havia impedido a crueldade. Afinal, aquele caramanchão no corredor da casa era uma visão bela demais para ser modificada.

Em seguida, ele exclamou, empolgado:

— Hoje é o aniversário dela, da minha mulher.

Olhei para a cama, dessas de hospital, grudada à parede lateral do quarto, onde a esposa de Dito estava deitada. A mulher estava com os olhos abertos, porém sem se manifestar.

— Ela não responde, mas entende tudo — ele se apressou em dizer, com olhos amorosos.

Seu Dito gostou quando a parabenizei. Percebi logo que era festeiro. Então, ele emendou outra e mais outra informação, sempre sorrindo, alegre e divertido:

— Quando eu a conheci, ela ainda usava tranças. Isso faz muito tempo. Nós casamos. Ela era professora, se aposentou. Nos últimos tempos, teve de fazer uma cirurgia e a coisa complicou. A cirurgia era para evitar que algo grave acontecesse, mas ela teve um acidente vascular cerebral e agora não sai mais da cama.

Seu Dito foi morar com a esposa em uma residência particular para idosos. Foi lá que o encontrei naquela manhã. Ouvi sua história com muita atenção, pois as histórias mais importantes da vida das pessoas merecem bons ouvintes.

— Quando ela ficou assim e precisou de cuidados especiais, que só um lugar como esse poderia dar, eu me lembrei daquelas palavras que disse quando nos casamos — confidenciou Seu Dito. — Você sabe quais são?

— Na saúde e na doença — respondi.

Seu Dito fez brincadeiras durante toda conversa. Ele me contou que o quarto do casal era privilegiado por ter banheiro próprio. Apelidou o banheiro que havia no corredor em frente ao aposento dele de "lava-jato".

— De manhã forma fila de mulher para entrar — riu, travesso.

Peguei no braço dele, olhei em seus olhos, e disse, com estranha intimidade para quem o conhecia há pouquíssimo tempo:

— O senhor é lindo!

Seu Dito sorriu com os olhos, com a boca e com o coração.

— Quando ela acorda, me sento ao lado dela e seguro sua mão. Quando ela dorme, faço minhas coisas — contou, por fim.

Eu me despedi de Seu Dito pensando em como a vida é pulsante, em como sempre é possível decidir como enxergar aquilo que nos pega de surpresa, aprendendo a amar o real — o que não se escolhe, mas entra em nossa vida de qualquer forma.

Seu Dito não está lá por "obrigação", por "culpa", ou por qualquer outro motivo que não o seu desejo. De outra forma, não emanaria tanta vida e luz. Seu Dito lindo!

O QUE AS MULHERES QUEREM DOS HOMENS?

Luciene Godoy

Recentemente, um cliente me pediu, com uma carinha meio marota, meio desconsolada, que eu escrevesse sobre o que as mulheres querem dos homens. "Nós, homens, estamos tão perdidos quanto ao que as mulheres esperam de nós... Estamos confusos!"

E, com razão, porque antes sabíamos o que as mulheres queriam dos homens. Hoje, não mais!

Antes, elas queriam ter um homem que lhes desse o sustento e filhos. Todo o valor social de uma mulher vinha do fato de se tornar "mãe de família". Poucas décadas atrás, uma mulher bem-sucedida, mas que não fosse casada, era considerada uma coitadinha — tão competente, mas "ficou pra titia!". Dinheiro, profissão, inteligência não lhe conferiam valor social. Só o casamento e, principalmente, a maternidade. Por isso, piadinhas como "ela laçou um bobo". Ter um homem era um feito, já que todo o resto era consequência disso.

O homem também tinha a sua posição marcada no jogo social se tivesse constituído uma família e se tornado um "homem de respeito". Também era reconhecido por ter uma profissão ou por ser inteligente. Mesmo se desse suas escapadinhas não perdia o prestígio na sociedade. O direito ao prazer sexual era assegurado.

E, agora, José? A festa acabou!

O mundo mudou e as mulheres também querem mais de um homem, além de que ele seja apenas o provedor e o pai de seus filhos.

Mas, afinal de contas, o que as mulheres querem?

É bem sabido que os homens querem uma "amante na cama e uma dama na sociedade". Alguém contra? Eu acho uma ótima ideia, só que essa junção raramente se realiza. Então, qual é a saída? Para ter prazer, a mulher também vai trair?

Não! Eu tenho para mim que o que querem as mulheres de hoje é... o mesmo que os homens: um amante na cama (desbancando os malandros traidores, que sabem seduzir e se fazer desejar) e um cara amigo e confiável fora dela.

Essa síntese pode ser compreendida ao considerarmos que amor e ternura pertencem a um campo; desejo e tesão pertencem a outro — e que cada um tem seu momento de expressão.

O homem amigo é aquele em quem confiamos, com o qual contamos, que preza pela amizade, pelo convívio, com quem temos afinidades.

O amante é aquele homem que nunca conheceremos por completo. Ele nos deixa meio inseguras, sem saber o que ele pensa, quem ele é. Não é previsível. Romantismo demais? Não, essas são qualidades que todo ser humano tem se não estagnar, inclusive numa relação em que haja falsa segurança (leia-se "morta").

O amigo traz segurança; o amante, a insegurança que provoca emoção, desejo.

Vale tentar?

O EXERCÍCIO DO NOVO AMOR

Valéria Belém

"O meu amor me deixou
Levou minha identidade
Não sei mais bem onde estou
Nem onde a realidade
Ah, se eu fosse marinheiro
Era eu quem tinha partido
Mas meu coração ligeiro
Não se teria partido."

Maresia, Adriana Calcanhoto

A vida é muito curta e a gente corre para ser feliz. Verdade ou mentira? Se você foi pelo senso comum, respondeu o esperado: a gente quer mais é ser feliz mesmo.

Só que isso não é verdade. Pelo menos, não é o que realmente fazemos na vida.
Existe algo que nos prende a uma vida infeliz, apesar de desejarmos o contrário. É o tal medo.

Será que, em algum momento nos últimos anos, você conheceu alguém e, justamente porque tudo estava indo muito bem, sentiu um medo terrível de perder aquela felicidade toda?

É nessa hora — a do pavor de perder — que começamos a boicotar nossos relacionamentos da pior forma. Se o outro olhar para o lado, se não quiser viajar comigo, se não sonhar o meu sonho... Tudo isso é sinal de que a relação vai dar errado muito em breve.

"Tenho de segurar, preciso me agarrar, mas tenho a certeza de que vou perder, faça o que fizer." Dessa forma, você perde mesmo, porque é, nesse momento, que a diversão acaba, o crescimento para, não curtimos nem somos curtidos. Quantos casais vivem assim? Olhe ao seu redor: eles investem tanto tempo dessa tão curta vida em caixinhas de relacionamentos torturantes! Ai, como cansa! Como cansa tentar agradar o outro para não o perder. Como é terrível estar sempre a um passo da felicidade e nunca chegar lá!

Medo, medinho, medão!

Anote no bloco de notas do celular: sempre vamos perder. Sempre alguém morre, muda de cidade, deixa de nos querer. Mas sempre vamos ganhar. Enquanto se está vivo, está perto, está querendo... É tempo de usufruir. É mais fácil falar do que fazer? Sim, a gente sabe do que se trata, mas ficamos desnorteados. E, agora, José?

Para a experiência de usufruir, é preciso viver no corpo que se tem. Na pele, no real, no hoje. A modernidade nos trouxe sua riqueza em uma palavra transformadora: a responsabilidade. Nada de culpa, de obrigação, que matam o desejo da gente.

A responsabilidade-potente também se aplica aos relacionamentos amorosos. Não vale ficar com alguém porque o sobrenome pesa, a carteira chama, os filhos querem, os pais escolhem. Ou porque a pessoa é bonita e parece boa figura ao seu lado. O psicanalista Jorge Forbes lembra que "o amor que vivemos neste momento é um amor responsável. Se uma pessoa está com outra, não pode dizer que seja por alguma outra razão que não o 'querer estar'; por isso é um amor direto, sem intermediação. Um amor que não sei explicar, mas responsável. No momento em que temos um homem desnorteado, que perdeu suas referências, estamos numa nova época. Temos uma opção de voltarmos para trás, sermos reacionários, genéricos ou fazermos um exercício de singularidade, de um novo amor."[6]

Que lindeza esse novo amor do século 21! Sim, ele assusta, mas podemos tê-lo — não apenas sonhar com ele — nesta vida tão curta.

Você deseja algo assim? Porque eu, sim. Vamos combinar: pegue uma caneta e escreva a palavra MEDO.

Dobre pequenininho, do tamanho que deve ser.

E jogue no lixo.

---

6. Aforismos de Jorge Forbes sobre o amor. Disponível em: https://jorgeforbes.com.br/aforismos-de-jorge-forbes-sobre-o-amor/. Acesso em 16 fev. 2025.

ADOECEMOS QUANDO AMAMOS

Luciene Godoy

O amor é um laço, uma relação que criamos com o outro, para não ficarmos sós.

É o que de melhor conseguimos criar para substituir — bem ou mal — a perda da fusão, da ligação primeira, totalizante, com o corpo da mãe, que deixou em nós as marcas de uma existência sem separação.

É voltar ao modo de existir que todos um dia tivemos.

Chama-se díade a relação que se estabelece nesse primeiro momento da vida humana, que se dá entre o nascimento e o sexto mês de idade do bebê. A própria definição da palavra díade é um conjunto em que dois formam um. A mãe entra com o psiquismo (a capacidade de cuidar) e o bebê com o seu corpo em total desamparo e dependência.

A mitologia grega, grande tentativa do homem de expressar os maiores dramas subjetivos humanos, descreve o amor como o encontro (desencontro?) de Pênia e Poros, do qual surgirá Eros, o deus do amor.

Pênia é pobre e necessitada; Poros é possuidor das qualidades e belezas que faltavam a ela. Ali se encontravam armadas as condições para que o amor acontecesse: um necessitado que se dirige a um possuidor. Em "O Banquete", de Platão, o erastes (amante) se dirige ao erómenos (amado) e o circo está armado.

Que expressão horrorosa para se referir a algo tão belo!

Chegamos ao ponto: ao encontrarmos alguém especial, que nos toque, com quem adoramos conviver, construiremos algo belo se não regredirmos à nossa primeira forma de amor — a fusional. Aquela da mãe-bebê.

Será belo se o amor for do tipo que acontece entre duas pessoas diferentes e, não, o dois-em-um da fusão. Estamos falando aqui do amor entre dois adultos — que cresceram, não "criadultos", isto é, crianças disfarçadas de adultos —, em que cada um às vezes está mais forte ou mais fraco, melhor ou pior. Pessoas que se revezam em suas posições subjetivas, estados de espírito, cada uma na sua luta para dar conta da vida, em vez de cobrar que o outro o faça. Ao poder contar com um companheiro de viagem, a vida pode se tornar muito mais prazerosa e significativa, porém, não cabe a essa pessoa ser nosso saco de lixo nem nosso carregador de pacotes de sofrimentos diários.

Se não for assim, regrediremos ao encontrar um amor, passaremos a ser dependentes de um outro, infelizes repetidores da fusão perdida.

Por termos essa forma fusional de amor em nossa origem psíquica, corremos o enorme risco de adoecermos quando amamos.

Agora você já sabe disso: fique mais atento para não cair na armadilha!

ENCONTRE A SUA MAGIA

Valéria Belém

Não existe pílula da coragem. Seria reconfortante poder sacar uma cartela do bolso e engolir o remédio sempre que a covardia (vamos dar nomes aos bois) predominasse.

Também não existe varinha de condão para — plim! — transformar a vida da gente de uma vez por todas. Fazer aparecer pessoas, desaparecer momentos, apagar dores, como nos livros de magia que recheiam as prateleiras das livrarias. Será por isso que eles fazem tanto sucesso? É uma possibilidade.

Portanto, é isso a vida. Sem atalhos milagrosos, daqueles que não exigem de você muito esforço para encarar o dia a dia. Trate de suar a camisa. Não estou falando aqui da transpiração líquida que escorre pela testa, mas de se colocar em ação pela busca do que você quer. Os seus pés estão em acordo com o que a sua boca diz?

Daniela relatou que se sentia um enfeite de estante em sua casa. O marido mudava a peça de local quando desejava, tirava o pó, admirava sua beleza, a exibia, aproveitava seu valor e a devolvia ao mesmo lugar de antes. Já Verena não tinha qualquer dúvida de que era um tapete de luxo, desses bem aconchegantes, vistosos, que aquecem o lar, mas não deixam de ser pisados por causa disso.

Sem a tal pílula da coragem a qual recorrer, Daniela tomou a decisão de virar gente por conta própria. Ser enfeite não era para ela. Familiares e amigos a consideraram uma desmiolada. Qual era o problema de ser uma decoração bem cuidada? Bem, ela ficou feliz como nunca com sua decisão.

Enquanto isso, Verena continua em sua vida de tapete. Em conversas, ela repete sua triste história. Uma mulher "presa" a uma situação da qual só reclama. Fala, fala, fala, mas continua onde está. A boca exclama: "Quero sair!", enquanto seus pés continuam imóveis, sem qualquer menção a desbravar a rua. Na falta da pílula, Verena vai ficando.

Danielas, Verenas e tantas outras mulheres e homens estão por aí, vivendo como objetos do outro. Deixam morrer o melhor de si, sem perceber que isso ocorre em nome de um amor que não é amor. O verdadeiro encontro com o outro é uma dança sem ensaio, em que a gente leva e se deixa levar conforme a música toca e se modifica. Deslizando pelo salão, há momentos de afastar e de aproximar os corpos, para ambos continuarem a ser o que são. Se não for assim, é melhor refazer.

Responda agora: o que você diz combina com o movimento dos seus pés? Se a resposta for não, você pode continuar com seu blá-blá-blá, mas saiba que ninguém mais acredita nele. Nem mesmo você. Se sua resposta for sim, que bacana, você descobriu por conta própria que a felicidade não é para covardes, mas para quem encontra em si a magia necessária para ser feliz.

SEXO E PREMILIARES

Luciene Godoy

Preliminar é o que antecede, o que cria condições para que algo possa acontecer.

Muita gente acredita que sexo bom só acontece com preliminares ou, até mesmo, que as preliminares são a melhor parte do encontro sexual.

Não é necessário explicar preliminares de quê, pois "preliminares" são sempre relacionadas com sexo e trata-se dos beijos, abraços, carinhos e toques. São consideradas momentos preciosos, imprescindíveis para muitos e prova de competência na cama para outros.

Será que existem preliminares para além do que se passa imediatamente antes do sexo? Existem preliminares mais distantes, mais sutis?

A resposta é sim. Por exemplo, quando acabamos de conhecer alguém, uma preliminar pode incluir um jantar romântico, uma conversa olhos nos olhos, pequenos presentes e cuidados.

Infelizmente, esse tipo de gentileza desaparece assim que temos certeza da aceitação do outro. Não é preciso tanto ritual, tanta construção de caminhos para se chegar lá. Na melhor das hipóteses, restam as preliminares na cama. E isso na melhor das hipóteses, porque o que acontece mesmo é que nem a preliminar sexual existe mais. Para que essa trabalheira toda, essa complicação, já que o bom está no final, não é mesmo?

Vou ainda mais longe, costumo chamar de preliminares tudo o que acontece entre um casal que vai, gotinha por gotinha, aumentando ou diminuindo o desejo pelo outro. O nosso charme ou mau humor para lidar com as pequenas coisas da vida. O desejo é facilmente abalado quando assistimos a espetáculos de um adulto infantil, que convive conosco sem saber lidar com os desafios diários com a desenvoltura, as habilidades, as capacidades de um adulto.

Aquelas mulheres dependentes, inseguras, demandantes. Aqueles homens ciumentos, irritados, grosseiros.

Essa é a receita "antitesão".

Todo mundo sabe que nosso comportamento cotidiano diminui o desejo do outro. Mesmo que seja mais incomum, eu te convido a tentar aumentar o desejo do outro por você, nessa convivência cotidiana, sem ajuda da novidade ou da insegurança da conquista.

Primeira dica: pense e viva sua relação com o gostinho de uma vida que se renova a cada dia. Dessa forma, você contempla o item "novidade". Não acredite na segurança ilusória de "ter". Viva o clima da conquista, a marca de quem se valoriza.

E, quem se valoriza, continua sendo desejado, porque faz por onde, está sempre em movimento. A pessoa é para si e, não, para o outro. Isso é o máximo da sedução!

VOCÊ COM OS OUTROS

que descreve realmente nossos sentimentos quando nos relacionamos com os humanos.

Se os relacionamentos "a um" e "a dois" já geram inúmeras confusões, imagine como pode ser difícil, um verdadeiro novelo de lá, se relacionar com muitos. Freud ensina que, das três coisas que nos ameaçam e nos fazem sofrer — a fúria da natureza, o envelhecimento/morte do nosso corpo e as relações com outros seres humanos —, essa última é a que traz mais sofrimento.

Triste, não? Seria melhor pararmos por aqui? Não!

O século 21 — momento de colher os muitos frutos plantados pelos nossos antepassados — representa a conquista de instrumentos que nos permitem viver melhor juntos: a comunicação em rede, a cooperação, a interdependência reconhecida e respeitada.

O tema a seguir, escrito com base em vieses psicanalíticos, pode revirar suas crenças. Queremos levar você a *usufruir* de suas relações de maneiras nunca antes imaginadas.

Que delícia poder viver com os outros no século 21!

DE ONDE VIEMOS?
Luciene Godoy

Não somos filhos de chocadeira. Constatação óbvia. "De onde viemos?", a famosa pergunta filosófica. O que nos faz ser quem somos? O que nos faz gostar do que gostamos? O que nos faz sofrer de determinada maneira, por determinados motivos, enquanto outras pessoas sofrem por motivos diferentes dos nossos?

O que determina a nossa mais absoluta singularidade?

Grandes — e difíceis — perguntas.

Estamos sempre tentando respondê-las um pouco mais, um pouco melhor. Começarei falando de nossas famílias. Elas podem ser o pilar da sociedade ou uma instituição falida; lugar de crescimento e proteção contra o mundo ou o pior dos mundos, uma prisão alienante e torturadora. Acredito que seja de tudo um pouco. É preciso discriminar.

Em primeiro lugar, nascer em determinada família nos dá um nome e um lugar no mundo. Nos dá a primeira ordem na qual vemos esse mundo e damos sentido à vida.

Também é um paradoxo. Na vida adulta, precisamos ultrapassar a visão de mundo herdada da família desde o nascimento e construir um lugar só nosso.

A partir desse novo lugar, poderemos nos relacionar com a vida.

Nisso consiste a novela, o mito pessoal de cada um. É conflitante deixar quem nos deu a vida; por outro lado, como viver sua vida para outro, de acordo com o desejo de outro? Se não for assim, minha vida não é minha!

Existe o tempo de ser cuidado, de pertencer, assim como existe o tempo de se separar e abrir os próprios caminhos.

Isso significa que temos de construir esse novo lugar na solidão?

Ai, ai, ai, lá vem coisa ruim, pois solidão, todo mundo sabe, é coisa muito ruim, não é?

Sinto muito discordar. A capacidade de ficar e de gostar de ficar só é uma das melhores coisas da vida. Espero que todos descubram isso. Na infância, necessitamos do outro o tempo todo. É a própria estrutura do ser infantil. Criança não pode e não gosta de ficar só. O estar só é um vinho que se aprende a degustar com o amadurecimento!

A solidão pode ser pensada de maneira muito diferente da que nos é ensinada. Estar só pode ser visto como o nosso novo abrigo, o espaço que construímos e, só assim, teremos o que mostrar e compartilhar com o outro.

Viver a nossa própria criação, para além das histórias que nossos pais e nossos anos de criança nos permitiram.

FILHO, PARA QUE TE QUERO?

Valéria Belém

Há poucos dias, ouvi uma história que, de tão comum, você já deve ter escutado por aí também, com menor ou maior grau de similaridade. Uma moça, em um relacionamento com um rapaz de quem gostava muito, engravidou ao sentir que estava prestes a perdê-lo. O rapaz, diante da situação, casou-se com a futura mãe de seu filhinho.

Alguns anos se passaram, o casamento seguiu entre tropeços frequentes. A esposa, uma mulher ciumenta, estava certa de que o marido não a amava de verdade.

O relacionamento caminhava para um desfecho previsível, ou seja, o divórcio. Nova surpresa: o rapaz foi comunicado que seria pai pela segunda vez. Sendo assim, optou por manter o casamento.

E os filhos? Como ficam nessa história?

Essa novelinha nos coloca uma pulga atrás da orelha. Vamos observar a realidade para tentar entender por que as pessoas decidem/planejam/escolhem/deixam acontecer uma gravidez.

Em um rápido sobrevoo pela vida como ela é, existem vários motivos para se refletir. Por exemplo, algumas pessoas querem ter filhos para atender aos questionamentos de família/amigos/sociedade; outros acreditam que não ficarão sozinhos no presente e na velhice; há quem deseje ter um herdeiro para realizar seus próprios sonhos; para alguns, é a certeza de manter o/a companheiro/a pela eternidade; há os que querem obter vantagem financeira (pensão ou herança); e existem ainda mulheres que associam maternidade à realização pessoal. São tantas razões... Você mesmo pode enumerá-las mentalmente, mas vamos nos ater a essas por ora.

Imagine um filho nascer com toda essa carga de responsabilidade nas costas. Além de não saber disso, a criança precisa, depois de entrar nesse mundo inóspito (tão diferente do útero materno), descobrir quem é (tendo o olhar do outro como referência) e qual é seu lugar no mundo para não se sentir em pedaços ao longo da vida.

As motivações dos pais para terem filhos propiciam uma base firme para a criação de boas relações familiares? Como será o desenvolvimento dessa relação nos dez, vinte, trinta anos seguintes?

Há outro fator que adiciona peso ao "nascer e crescer em família": muitos sintomas do corpo adulto são expressões de um conflito psíquico com raízes na infância. Por isso, mesmo que soe estranho, a escolha de não ter um filho pode ser a melhor forma de ser um pai ou uma mãe melhor que tantos outros que conhecemos. Porém, se essa opção mudar, que seja encarando o seu verdadeiro desejo.

Já é um bom começo.

GENTE FELIZ NÃO ENCHE O SACO

Luciene Godoy

Dizem que existe um grupo nas redes sociais com esse título: gente feliz não enche o saco. Deve ser constituído por pessoas que já descobriram o prazer de estar rodeadas de gente que está de bem consigo mesmo.

O que parece tão óbvio — todo mundo gosta de estar ao lado de gente feliz — não funciona bem assim no dia a dia. A boca fala, mas o corpo não faz.

Sem discursos moralistas sobre "pessoas fingidas que não vivem o que dizem", é muito próprio do ser humano dizer uma coisa, mas fazer outra.

É que não nos enxergamos. Sentimos de um jeito, mas agimos de outro.

Vivi uma situação bem engraçada com um amigo que foi filmado em um aniversário. Estávamos assistindo às filmagens, rindo e brincando, quando ele, boquiaberto, afirmou com uma voz poderosa, que nos atingiu com a intensidade de sua emoção repentina:

— Gente! Eu não sabia que era tão agressivo e desagradável. Eu me vejo tão doce!

Seus olhos demonstravam surpresa e descontentamento. Comoção geral. Sentimentos diversos. Uns admirando a coragem e a honestidade do amigo de longa data; outros constrangidos e culpados, como se tivessem participado de uma cena de tortura com o companheiro de farra.

E o nosso herói — já que chamamos os corajosos de heróis. Nesse caso, ele merece o título — prossegue, agradecendo a quem o filmou. Em sua opinião, aquele foi um dos melhores presentes de sua vida, pois teve a oportunidade de se enxergar pelos olhos de um outro numa situação corriqueira.

Nosso amigo não foi só um herói, mas também um sábio. A psicanálise afirma o mesmo: não nos enxergamos como somos, a não ser por meio da intervenção do outro, através do olhar do outro. Lacan dá essa explicação de forma inusitada e assustadora, ao abordar o mito do louva-a-deus gigante, diante do qual nos encontramos quando nos deparamos com o olhar do outro.

Essa fábula nos faz encarnar o papel daquele que não sabe o que é para o outro, no caso o louva-a-deus gigante e assustador. Esse fenômeno se manifesta em nós ainda na infância, antes de termos um ano de idade, quando percebemos nossa dependência do desejo alheio e começamos a questionar se seremos aceitos, amados e protegidos.

Che vuoi — que queres? — perguntamos diante do outro todo-poderoso. É o mesmo processo que se repete em nossas relações interpessoais que, infelizmente, tendemos a confundir com as relações intrapsíquicas (isto é, nós com nós mesmos).

Gente feliz é gente que se viu e não fica mais o tempo todo atormentada pelo que nós, do lado de cá, achamos dela. Por isso o torturado se torna torturador, pois tenta se livrar do nosso olhar aprisionador, que nem está voltado para ele, como no caso do louva-a-deus gigante.

Gente feliz teve a coragem, a capacidade e a escolha de se enxergar com suas imperfeições. Não joga nos outros a responsabilidade do mal-estar que sente — e vai, é claro, encher o saco, ou seja, cobrar, dar satisfações não pedidas, tentar "se libertar" sem saber que é de si mesmo e de suas próprias cobranças que se trata de se libertar.

Gente feliz entrou dentro da própria pele do tipo "chinelo velho que calça o pé doente". Da pele que não é perfeita, mas é sua.

Gente feliz não vive te cutucando, tentando entrar na sua pele para saber de si.

Gente feliz não confunde o próprio corpo — da pessoa feliz — com o do outro. Portanto, não precisa ficar emburrada, numa atitude passiva, nem empurrar o outro, numa atitude ativa, para se sentir livre e bem.

Gente que se livrou da dependência do olhar do outro é ótima companhia, pelo simples fato de ser mesmo um outro, de se sentir uma unidade e, não, um parasita, alguém que necessita do outro para se enxergar e se sentir.

PRESENTE EM TEMPO DE PANDEMIA

Valéria Belém

O celular emitiu aquele sonzinho habitual de mensagem chegando. Dez horas da manhã de quinta-feira. Fui olhar — era um rosto desconhecido que me fazia a pergunta:

— Bom dia, você é a autora do livro "Um mundo melhor na cabeça"?

— Sim, sou — respondi no aplicativo.

— Meu nome é Elisângela. Li seu livro hoje com minha filha Melissa. Ela ganhou de presente. Gostaria de lhe dizer que você tocou profundamente meu coração! Uma frase do seu livro me emocionou muito: "A sua cabeça é cheia de boas ideias, pensamentos e desejos. A gente os coleta e vive deles". A partir de hoje, vou lembrar sempre dessa frase e do momento em que minha filha me apresentou o livro.

Em 19 de março de 2020, terceiro dia de isolamento em casa em função da pandemia de covid-19, encontrei alguém... Nós nos tocamos sem nos tocar... Sim, isso é sempre possível.

Agradeço à Elisângela, que mora em São Paulo e tem três filhos, pelo presente: suas palavras tão sinceras. Abri esse embrulho virtual na mesma hora em que o recebi (muitas vezes temos a mania de jogar fora os presentes da vida ou mesmo desacreditá-los, nos desmerecendo). Com esse presente, lembrei o que posso fazer pelo mundo com minhas palavras: escrever, transmitir, dar voz ao sofrimento humano, construir pontes para muitos encontros.

Cada um de nós tem uma arte a oferecer, que pode fazer circular. Algo que entra pelos ouvidos, boca, olhos, pele do mundo, mesmo que sejamos instigados pela distância, como naquele dia, a encontrar um novo jeito de sermos artistas.

Uma amiga escreveu em sua rede social: "Goiânia estava triste nesta noite... A ficha começou a cair e ninguém do lado para pegar na mão."

A realidade que existe no mundo está em nossas mentes, ou seja, a realidade psíquica é decisiva para nós. Há aquela realidade que atravessa nosso espaço físico, mas é no território dos pensamentos que podemos encontrar tudo de que precisamos para usufruir do que temos. *O que temos* e, não, o que nos falta.

E temos muito. Muitos movimentos, ainda que em tempos doloridos, têm sido criativos, generosos, solidários. Até mesmo porque estamos falando da morte aqui e, como Freud disse em 1915 sobre guerra e perdas, ninguém acredita no próprio desaparecimento — cada um de nós está convencido de sua imortalidade. Tudo o que confronta essa ideia nos causa espanto.

Tenho um mundo melhor dentro de mim e posso dizer à minha amiga entristecida que, assim como eu e Elisângela nos tocamos, também podemos nos dar as mãos e, juntas, seguiremos compartilhando boas ideias, pensamentos e desejos. Podemos nos maternar com carinho, como uma mãe faz com seu bebê, para que isso nos fortaleça e nos energize para construirmos um espaço cheio de vida.

Sabendo que sempre podemos...

...tocar sem tocar

...abrir nossos presentes

...renovar nossa arte

...cuidar dos nossos pensamentos

...usufruir do que temos

...aprender a nos maternar.

PODEMOS ESTAR SEGUROS DE NÓS E DOS OUTROS?

Luciene Godoy

Somos seres confiáveis? Podemos dar como certo que nos conhecemos e conhecemos os outros? Podemos estar seguros da ajuda, do amor, da amizade ou até mesmo da desaprovação ou do ódio do outro?

A psicanálise nos descreve como seres paradoxais. O que seria isso? Se considerarmos o axioma fundamental da filosofia, princípio aristotélico da contradição, de que "nada pode ser e não ser simultaneamente", a resposta está clara. Ou somos isso ou somos aquilo. Duas coisas simultaneamente? Impossível.

Não temos qualquer dificuldade em concordar com Aristóteles, mas não dá para dizer o mesmo quando lemos Hermann Hesse, em que seu personagem Sidarta afirma que "homem sábio é aquele que olha para uma criança e vê um velho". A gente pira ou, no mínimo, fica meio intrigado.

Para nos aprofundar, há uma expressão desconhecida do nosso linguajar cotidiano, que também descreve as "estranhices" dessas ocorrências: são as "palavras antitéticas". Um nome difícil para algo fácil.

Antitéticas de antítese, palavras opostas: feio e bonito, alto e baixo, grande e pequeno etc. Essas palavrinhas são muito úteis para afirmarmos que se é uma coisa ou outra.

Que bom! Nada de surpresas. Se já conhecemos um objeto (ou um ser humano!), se já o definimos, se sabemos como ele funciona, quais são as suas características, então acreditamos que tudo ficará bem. Estamos seguros e pronto.

Isso não é verdade. As palavras antitéticas estão na origem das primeiras línguas conhecidas, o sânscrito, o egípcio e o árabe. No começo, tinham mesma forma: ao escrever alto ou baixo o símbolo era o mesmo. Com o tempo, foram sendo modificadas e o leitor começou a identificar com clareza as diferenças entre elas.

Esse também é o princípio do funcionamento do inconsciente freudiano: sem noção de tempo e de contradição. Em nossa constituição psíquica, mesmo que escondido de nós mesmos, há um funcionamento (oposto ao consciente) paradoxal e inconsistente.

Não podemos ser bonitos e feios ao mesmo tempo? Não só podemos, como somos, e de maneiras infinitas. Pensemos algumas possibilidades: bonito por fora e feio por dentro; bonito o olho e feio o olhar; bonita a perna e feio o pé.

Olhar para um bebê e enxergar o velho não é de uma realidade incrível? Muitas pessoas só descobrem que a vida é curta quando estão morrendo e que, de um salto, passamos do começo para o fim.

Quantas outras lições podemos extrair desse flash criança/velho — e de todos os outros que podemos vivenciar — se começarmos a enxergar cada palavra como antitética? Quando percebemos que os extremos estão muito mais conectados, muito mais próximos do que supomos.

É por isso que, muitas vezes, tenho usado o "&" como elemento de ligação. O objetivo é juntar dois "extremos" em uma expressão única, ampliando seu impacto por meio do contraste — um mecanismo que reflete o próprio funcionamento do que Lacan chama de significante.

Somos todos ricos & pobres, inteligentes & burros, potentes & impotentes, mulheres & homens. Temos de tudo um pouco. São características que se manifestam juntas ou separadas, mais evidentes ou totalmente escondidas, amadas ou odiadas.

Somos tão fora do controle, no fundo. Sempre com um medinho de que as amarras próprias — como Ulisses, que se fez amarrar em um poste para não sucumbir ao canto da sereia — se desfaçam e a gente perca o controle.

Pensar o ser humano assim é tão assustador, tão inseguro...

É sim! No entanto, tudo isso é tão... libertador.

"EU TE AMO" PODE SER RUIM?

Valéria Belém

"Afirmo ao senhor do que vivi: o mais difícil não é um ser bom e proceder honesto: dificultoso, mesmo, é um saber definido o que quer, e ter o poder de ir até no rabo da palavra."

João Guimarães Rosa[7]

---

7. Grande Sertão: Veredas.

Faça o teste agora. Pense em algo como "limão". O que vem à sua mente? A fruta pode remeter a uma lembrança do seu pai, dono de uma chácara com pomar e lindos limões. Ou a um picolé que você tomava ao sair da escola, no tio da esquina. Nesse caso, essa palavra significa infância. Um limão pode ser ainda ingrediente de uma sobremesa de lamber os beiços, recheada de doce de leite. Gulodice pura. Ou seja, limão pode ser um monte de coisas que vão além da fruta de polpa suculenta. Então, podemos dizer que cada um tem o seu limão na cabeça.

É muito bom entendermos isso para realizarmos encontros de mais qualidade e também, quem sabe, reconfigurarmos algumas palavras/expressões em nosso dicionário pessoal.

Havia um homem que, na infância, ao ser punido ou chantageado pela mãe para fazer o que ela queria, sempre ouvia a frase: "Faço isso porque eu te amo!". Ao crescer, se uma mulher lhe dissesse essas palavras, era garantia de um final triste para o relacionamento. Ou seja, quem dizia "eu te amo" imaginava expor o que de mais caro havia em seu íntimo, enquanto o homem ouvia (e via em sua mente) sofrimento, dor e manipulação. Um desencontro total.

O psicanalista francês Jacques Lacan viveu uma situação que explica como é possível modificar sentidos em nossa cadeia simbólica. Ele tratou de uma paciente que, tendo sobrevivido à Segunda Guerra Mundial, relatava um sonho em que acordava às cinco da manhã, pois era nesse horário em que a polícia secreta do regime nazista, a Gestapo, procurava os judeus em suas casas. Lacan, ouvindo suas palavras, se levantou da poltrona, se aproximou dela e fez um carinho no rosto da mulher. A paciente compreendeu: "*Geste à peau*! (Um carinho na pele, traduzido do francês). A partir desse momento, ela passou a carregar outro sentido para a palavra, ou seja, o toque gentil de Lacan em seu rosto.

Alguns caminhos nos conduzem a um verdadeiro encontro com o outro por meio da linguagem. Para isso, precisamos entender que essa trajetória é tortuosa, mas surpreendente. Além de ouvir, precisamos nos esforçar para abrir a mente. No começo, pode parecer estranho, mas fica mais fácil quando nos desprendemos do senso comum — segundo o qual um limão é sempre uma fruta para todos.

Ver e ouvir o outro a partir do que ele tem de único, de singular, nos leva a enxergar novos mundos e a melhorar nossos relacionamentos.

TER RAZÃO OU SER FELIZ?

Luciene Godoy

A pergunta do título deste texto está no livro "As sete vidas de Nelson Motta", de Nelson Motta. Ela foi endereçada ao poeta Ferreira Gullar, que perguntava se o prazer de ter razão é maior do que o prazer de estar junto da pessoa amada.

Muitas pessoas podem achar que "ter razão" significa expressar quem são e o que pensam. Portanto, lutar para ter razão é lutar para ser respeitado. Claro, passar por cima de nós mesmos é tudo o que não nos faz bem.

Olhando por esse lado, faz sentido. Por outro, essa não é a linha de raciocínio — a cadeia significante, como dizemos em psicanálise lacaniana — que o poeta tomou e que Nelson Motta pega para si ao discorrer sobre o tema. No texto, chegamos a confundir se Motta está falando de si mesmo ou de Gullar. No final das contas, pouco importa, pois é isso que acontece quando tomamos para nós o que pertence ao outro: é o outro ampliado, fortalecido em nós, na sua obra que cresce ao ganhar mais um adepto.

Nelson toma o viés do "ter razão" como a tentativa de convencer o outro na "guerra de opiniões". Nesse tipo de situação, cada um só quer "provar" que tem razão, muitas vezes à custa da verdade.

E parece que Motta realmente aprendeu o valor de ter conhecimento para uso pessoal, para esclarecer o que é ou não é essencial, formular respostas para si mesmo, sem a intenção de impô-las aos outros.

Essa posição está tão bem expressa pelo autor, que só mesmo citando literalmente sua escrita para degustarmos suas palavras: "Há muito tempo me esforço para desistir da ideia de convencer alguém de qualquer coisa. Com minha intuição, experiência e convicções, ofereço minhas opiniões com sinceridade, apresento meus argumentos, me empenho em ser claro e objetivo. Se forem aceitas ou não, tanto faz."

Acordou do transe? A ideia não é maravilhosamente expressa pelo jornalista, compositor, produtor musical, roteirista, comentarista, escritor... o nosso Nelsinho Motta?

Aceitar ou não é de pleno direito do outro. Nas palavras de um amigo, forçá-lo a concordar com nossas descobertas é "chupar o cérebro do outro". Cabe ao outro refletir sobre o que oferecemos e incorporar o que lhe parecer útil e interessante.

Se você fica dependendo do aceite do outro ou, quem sabe, da derrota do outro — que ao aceitar que você tinha razão dá, mesmo que involuntariamente, a confirmação da verdade da sua afirmativa —, você vive de uma forma a só acreditar naquilo que você descobre se o outro também tomá-lo para si, adotá-lo como fato ou capitular diante da sua argumentação. Só assim você acreditará em você. Triste, não é? Triste e solitário.

Você pode argumentar que não conhece o outro, então, podemos concluir que o outro também não conhece você. Por que aquilo que o outro pensa ou faz com suas falas é tão importante a ponto de você insistir tanto em ter razão?

Isso levanta também o ponto de que você não pode ensinar o outro, que pega o que quer. Mas ao contrário, você pode aprender com o outro. O que Motta/Gullar afirmaram de modo libertador: "Gosto de aprender, não tenho problemas para admitir meus erros e equívocos, não me sinto inferior por não ter razão. Nem culpado por me sentir feliz."

Terminar falando em ser feliz por saber que não dá para esperar que todos os seres humanos vivam dentro de um sistema político, econômico ou filosófico perfeito, e que a felicidade de cada um não depende "só" disso, já é o Céu aqui na Terra.

Queridos Motta/Gullar, com vocês eu afirmo: o buraco é mais embaixo. O buraco é de cada um em sua singularidade absoluta que encarna o que vem do mundo (social), mas também a maneira como cada fato é significado e vivido por cada um de nós. Se mantemos ou descartamos, se damos importância ou se rimos.

Onde encaixamos o que a vida nos apresentou ou apresenta está em nossas mãos e não naquilo que o outro vê em nós.

DE ONDE VOCÊ VEM?

Valéria Belém

Certa mãe me contou que seus filhos, já grandinhos, estavam dormindo no quarto dela com o marido há algum tempo. Havia um desconforto em sua narrativa, mesmo sem que percebesse. Ela disse sentir pena de tirar as crianças de lá.

— Mas eu mesma fiz isso, dormi no quarto dos meus pais até ficar mocinha — concluiu, com um ar explicativo.

Essa pequena história familiar é um retrato bastante honesto de como nos formamos a partir do que damos e recebemos nas mais fortes relações que vivenciamos no início da vida, e essa se torna uma sequência infinita do que recebemos e do que passamos para a frente — mais simplesmente absorvida que verdadeiramente compreendida pela maioria de nós.

A mãe que contou essa história cuidava dos filhos ou de si mesma?

O psicanalista Jacques Lacan, em "Duas notas sobre Criança", trata das funções materna e paterna na constituição subjetiva da criança. De acordo com Lacan, os cuidados da mãe portam a marca de um interesse particularizado, pela via de suas próprias faltas.

Muitos pesquisadores afirmam que, ao maternar um bebê, a mãe está maternando a si própria. Uma boa maternagem, ou seja, o ato de cuidar bem do bebê, proporciona um certo brilho no olhar, um estado de tranquilidade, melhora a mente e a pele. Nossa química interna está o tempo todo a demonstrar seu poder: basta levar um pequeno susto para que o corpo libere uma grande dose de adrenalina. Os pelos arrepiam, os batimentos cardíacos aceleram, a pupila dilata. Não deve causar estranhamento que exista uma química que envolve as relações pais-bebê.

Para além disso, há o vir-a-ser, a constituição de alguém a partir do encontro. Há o sonhar, o desejar, o verbalizar sobre uma criança que ainda não nasceu. Uma amiga, que perdeu o bebê nos primeiros meses de gravidez, compartilhou que o filho já existia em seu corpo e em sua mente, portanto, ela já era mãe. E o será para sempre.

Como, então, você responderia a pergunta: de onde você vem?

Na clínica psicanalítica, é comum os analisantes afirmarem nas sessões que são "isso" ou "aquilo", que existem sensações/sentimentos que os acompanham desde sempre e, por isso, SÃO eles, por livre escolha. Não! As pessoas também são constituídas pela história da história dos que vieram antes delas, por sua ancestralidade. Essas partes trazem alegrias, dores, emoções, ruídos e sintomas no corpo.

Vou repetir: de onde você vem?

Se você conseguir responder a essa pergunta, certamente estará mais próximo de um encontro com
aquele que É você e que pode ser mudado - fazendo
algo novo desse corpo que é seu por uma escolha
própria (essa, sim, escolhida).

O AMOR PODE FAZER MAL?

Luciene Godoy

Essa é uma pergunta desnecessária, não? Todo mundo vai responder "não, claro que amor não faz mal. Quanto mais amor, melhor". Tenho até um amigo que diz que "canja de galinha e amor não fazem mal a ninguém".

É difícil contestar. Mas, vá lá, eu contesto.

O maior mal que podemos fazer a alguém é amá-lo sem limites. É dar sem que o outro precise conquistar. É não exigir, não pedir provas, não desaprovar (fundamental para que o outro possa melhorar). Nesse tipo de amor, o outro se dará por satisfeito com o nada que faz e mesmo assim conquista.

Quer mal maior do que esse?

Pode piorar.

Nesse tipo de amor, a pessoa não tem motivos para crescer, mudar, melhorar porque já é amado do jeito que é. Não tem necessidade de vir a ser. Essa pessoa se transformará em um ser humano pobre e medíocre. E, infelizmente, muito frequentemente será um fracassado.

Quem seria essa pessoa santa, que ama tanto assim, a ponto de não enxergar ou considerar as faltas do outro?

Com certeza, um apaixonado. Pode ser namorado, noiva, amigo, marido, mulher, pai, mãe, pouco importa. O importante é: será sempre um apaixonado, alguém que projeta sua própria imagem no outro e por isso "o ama" loucamente (como um louco mesmo!).

Isso acontece muito entre os pais com o filho "preferido". Que não existe (claro!), porque todo pai e mãe ama os filhos igualmente.

Coitados dos filhos "prediletos"! São meros reflexos narcísicos dos pais. Chamo de coitados porque seu ser é saqueado, roubado pelo olhar de um outro que insiste em enxergar apenas perfeição. Em geral, esses pais não permitem que seus filhos construam nada que contrarie sua projeção.

O reflexo narcísico não é somente uma semelhança física ou emocional. É qualquer ato realizado pelo filho que afeta intoleravelmente a imagem de seu investidor pai e/ou mãe.

Por exemplo, aquele pai cujo filho de vinte e poucos anos bate o carro pela enésima vez e o pai, como se outra escolha não tivesse, compra-lhe outro. Há a mãe preocupada com o "queridinho", que cuida e protege sem disfarçar. É bem comum que esses filhos sejam nomeados no diminutivo, assim como o "inho" de queridinho. São Julinhos, Marquinhos, Aninhas, que estão impedidos de crescer e virar homens ou mulheres.

É... parece que tem muita coisa que chamamos de amor, mas que simplesmente não é! Pode ser projeção, por exemplo. E nesse caso, faz muito mal.

Quer pior ou vai se contentar com essas razões?

ESCOLHA AS SUAS PALAVRAS

Valéria Belém

Perguntaram o nome dela, que respondeu: "Idiota."

Esse é o ponto mais pavoroso da história de uma menina de 4 anos, relatada pela assistente social que a atendeu em um caso de abuso ocorrido nos Estados Unidos. Mãe e padrasto foram presos por maus-tratos. A menina, além de carregar marcas visíveis no corpo, internalizou o nome "idiota", repetidamente usado como ofensa pelo padrasto. O homem admitiu chamá-la assim "em tom de brincadeira".

Acontece que eu, você e os bilhões de pessoas que povoam o planeta somos influenciados pela cultura que nos cerca, pelo nosso nome, pela família que nos acolhe, pelo que ouvimos falar de nós.

Diferentemente dos animais, existimos porque o outro fala de nós, para nós e sobre nós. No espelho, a mãe pergunta: "Quem é o bebê da mamãe?"; a criança fala de si: "A Mariana quer água, papai!" E, assim, utilizamos a linguagem para nos organizar, reunindo discursos e desejos de quem nos rodeia.

"O Pedro é tão estudioso!", "nossa, que menina feinha", "você é preguiçoso demais. Olha como seu irmão é diferente." Ao longo da vida, recebemos designações boas e ruins, e escrevemos muitas delas em um crachá invisível que carregamos no peito. Vivemos em um mundo em que o outro nos nomeia e nos dá atributos que se impregnam em nosso inconsciente.

No caso da criança, "idiota" passou a ser quem ela era, a menina desprotegida diante do absurdo de sua vida familiar. Quando se trata de nós mesmos, pode ser mais difícil perceber quais palavras carregamos sem querer. Ao nos darmos conta, talvez possamos nos libertar delas. "Mãe perfeita", "funcionário exemplar", "fracassado", "doentinha", "gostosona" são apenas alguns exemplos.

Lembre-se: temos a capacidade de apagar o que escreveram nesse crachá pesado que levamos por toda parte.

Não são apenas as palavras aparentemente pejorativas que nos escravizam. Peguemos, por exemplo, a expressão "mãe perfeita". O caso foi relatado em um grupo de rede social do qual algumas mulheres participavam. Uma mãe compartilhou o hábito de ficar acordada de madrugada esperando o filho chegar, mas que, em determinada noite, dormiu sem querer, exausta, e acabou perdendo a hora de buscá-lo em uma festa. Relatos semelhantes de outras mulheres pipocaram. Todas eram mães presentes na vida de seus filhos, mas também seres humanos reais, que de repente perceberam que o crachá "mãe perfeita" não era legal — e que dele é possível se desprender para ser mais feliz, e até mesmo para ser uma mãe melhor. Entender como isso se dá em nossas mentes nos faz abrir portas para uma vida mais leve e, veja bem, nos torna mais criativos no papel que desempenhamos na vida daqueles que nos cercam.

SER PAI E MÃE – MISSÃO IMPOSSÍVEL?

Luciene Godoy

Educar, governar e analisar: tarefas impossíveis. Talvez possamos dizer que ser pai e/ou mãe é uma tarefa triplamente impossível, já que a sociedade espera que os pais saibam conjugar esses três verbos (e muitos outros) na educação dos filhos.

Lacan, ao abordar a questão, o faz em termos de funções. Para ele, não existem pai e mãe. Existem a função materna e a paterna. Cada uma delas tem atribuições bem específicas, de uma certa forma opostas, mas complementares.

A função materna é o exercício de um cuidado em que a mãe faz no lugar da criança aquilo que ela ainda não consegue fazer sozinha. É quem vê, escuta e percebe as necessidades da criança: "Esse choro é dor de barriga. Agora, esse é de fome". Não são apenas as genitoras, as mães biológicas, que têm essa percepção aguçada. Embora elas sejam as melhores candidatas, qualquer pessoa com real interesse na criança começará a perceber seus sinais sutis, mas evidentes, com o tempo.

Nessa função, o adulto cuidador carrega a criança que não consegue andar sozinha, alimenta a que não sabe levar o alimento à boca, responde pela que ainda não consegue compreender nem elaborar respostas. É como dizem: "A mamãe e o papai sabem o que é bom pra você." E, nessa fase, sabem mesmo!

O problema são as mães e os pais que passam a vida toda decidindo o que é melhor para os filhos. Como consequência, acabam tirando deles o direito de serem protagonistas das próprias escolhas. Os treinam para serem criaturas acéfalas, perdidas na vida, sem papai ou mamãe.

Falemos agora da função paterna.

Essa função, assim como a materna, pode ser realizada por todos os adultos que rodeiam a criança e cuidam dela. A principal responsabilidade da função paterna é tornar a criança mais independente. É passar para o filho a mensagem: "Vai, porque você dá conta. Eu não faço por você o que você já consegue fazer sozinho. Conte com você mesmo nessa." Ou dizer lindamente para seu filho que está se constituindo: "Vai que a bola é *sua*!".

A função paterna se trata de deixar o mundo entrar na vida de seu filho com suas propostas e valores atuais. Não é só a sua história pessoal que vai contar na vida desse ser que você pôs no mundo. É o que o mundo tem a oferecer e que, muitas vezes, você não aceita. É o conflito entre gerações e contextos históricos: nós estamos inseridos em um; nossos filhos, em outro.

Essa realidade pode ser dolorida, mas nossos filhos pertencem a um mundo que não é o nosso. Isso também se aplica aos nossos cônjuges, aos nossos irmãos e até mesmo aos nossos pais. Cada pessoa habita seu próprio planeta. Talvez seja mais difícil aceitar essa realidade quando se trata de filhos, uma vez que eles nasceram de nós. Muitos pais acreditam que eles devam ser sua imagem e semelhança, mas não funciona assim. Filhos são seres únicos, como todos nós.

O ser humano, por sua libertação da mesmice instintual e sua capacidade de comunicação, muda tanto de uma geração para outra, que comumente há estranhamento. "Como posso ter gerado um ser tão diferente de mim?", escuto de alguns pais atordoados, que não conseguem reconhecer o filho que geraram.

Coisas de ser humano. Cupins não sofrem desses males.

Para se desenvolver, o ser humano precisa dessas duas funções — a materna e a paterna. Não é mais possível dizer que mãe precisa ser do lar porque tem de cuidar dos filhos. Existem pai, avô, avó, tios, amigos. Todos eles podem exercer essas funções.

Os lugares não são fixos. Quando uma criança está recém-nascida, os humanos ao seu redor exercem função materna. À medida que cresce, função paterna nela, para que tenha a autonomia necessária para achar e construir um caminho que seja seu e que a faça feliz em sua vida inventada.

VOCÊ COM O SÉCULO 21

Perceba: estamos vivendo a maior reviravolta nos laços sociais de toda a história da humanidade.

É tempo de USUFRUIR da grande herança que estamos colhendo, *sapiens* que somos. Ao longo dos milhares de anos, nos desenvolvemos de homens das cavernas a seres conectados em rede.

As possibilidades existentes são maravilhosas! No dia a dia, às vezes lidamos com essa realidade de um jeito meio atrapalhado, mas, às vezes, somos brilhantes.

Do ponto de vista da psicanálise para o século 21, queremos oferecer a você, leitor, visões esclarecedoras desse momento supremo. Por meio de apresentações e argumentações, você poderá vislumbrar o mundo em que estamos vivendo.

Mas, para degustar, é necessário ampliar seu paladar. Escrevemos esses textos com um objetivo: desenvolver sua sensibilidade para novos e desconhecidos sabores. Queremos que você descubra a delícia de viver no século 21. USUFRUA!

A GENTE NÃO SE ENCAIXA

Valéria Belém

Essa pergunta é uma típica pegadinha. No aqui, agora, hoje, não precisamos mais nos encaixar em lugar algum. Podemos estar onde quisermos, se quisermos. Também podemos mudar amanhã, se der vontade.

Essa é a vantagem de se viver em um mundo onde as relações deixaram de ser verticais — aquelas do "eu mando, você obedece". Antes, as respostas serviam para a vida toda e você sabia, para o bem ou para o mal, qual era a sua parte nessa construção.

Na pós-modernidade, médicos, padres, chefes, pais não ocupam mais o papel de seres que sabem tudo. A horizontalidade é o novo ponto de encontro das pessoas. Os mais queridos ou mais respeitados conquistam porque merecem, não pelo medo que impõem ou pelo status que lhes oferece segurança.

Isso é bom? É ótimo, mas também é bastante arriscado. Se não existem mais respostas prontas, cada um precisa buscar as suas e se responsabilizar por elas. Falo em se responsabilizar porque não é mais aceitável bancar o coitadinho ou a vítima. Se você está em uma relação aprisionadora, só continua porque assim escolheu. Se trabalha ou não na área de que gosta, é por escolha pessoal. Não foi "minha mãe não deixou" nem "meu marido implicava com isso". A responsabilidade é toda sua. É você quem manda em si mesmo.

As mulheres podem se orgulhar de suas conquistas no último século. Quantas mudanças! Vestir calças, ter filhos ou não, ser presidente, e qualquer outro caminho que desejarem trilhar. É interessante pensar nisso, justamente porque, em alguns momentos, as pessoas agem como se desejassem uniformizar aquilo que deveria ser o singular de cada um.

***

Epa! Queremos ter opções, certo? Escolher sem precisar dar satisfações ou sofrer preconceitos por isso. Tudo bem se a decisão for não depilar as axilas. Tudo bem também se a escolha for focar na carreira e não ter filhos. Mas, se quiser ser mãe ou dona de casa em tempo integral, legal. Também é possível tirar um ano sabático para mochilar pelo mundo.

Se, para sair de um modelo preparado para as mulheres tivermos de nos remeter a outro, tenha ele o nome que for (intelectual, profissional bem-sucedida etc.) não há outra palavra para isso a não ser "retrocesso". E nessa pós-modernidade arriscada, cheia de possibilidades, esse certamente é um lugar onde a gente não pode se encaixar.

UTI COM CORAÇÃO

Luciene Godoy

Não foi erro de digitação. Também não se trata de uma UTI de coração para cuidar de problemas cardíacos. Essa UTI tem história, mais do que poderíamos supor.

Foi numa das manhãs goianienses ensolaradas que saí em busca de alguns livros para a minha biblioteca. No local, fui recebida por uma senhora cuja visão me tirou o fôlego, um deslumbre inenarrável aos olhos: dona Helena, mãe do nosso grande historiador Paulo Bertran.

Durante a agradável conversa, de repente ela inclinou o lindo rosto de lado e, do fundo de sua alma de artista, disse tristemente: "Acho que o Paulo morreu porque ficou muito só na UTI. Ele deve ter sofrido muito, porque não suportava ficar só. Adorava a companhia das pessoas que tanto amava."

Delírios de uma mãe inconformada?

Não creio. Muito pelo contrário. Vejo grande lucidez em sua afirmação, e por uma razão bem precisa.

Meses atrás, meu marido passou por uma cirurgia um tanto delicada e talvez precisasse ficar três dias na UTI, o período habitual de recuperação. Seu médico, também chamado Paulo (Menzel) — que eu chamo de médico-poeta —, agiu de forma inusitada. Médico e poeta porque, apesar de serem duas palavras que aparentemente não se frequentam, se referiam a um médico que entendia as necessidades do corpo e da alma humana.

Uma hora após o fim da cirurgia, nosso amado doentinho chegou ao quarto para ficar conosco. Foi uma surpresa. Dr. Paulo Menzel, o médico-poeta, nos disse que não dava para desperdiçar aquele material humano: duas filhas e a segunda mulher, que estavam presentes e demonstravam tanto zelo. Ele nos explicou que a UTI servia para observar com atenção os sinais vitais do paciente. Quando há uma família interessada e envolvida, o paciente será tratado pelos seus entes queridos com olhos tão atentos como o melhor profissional.

Em poucos minutos, estávamos sorrindo, conversando, dando carinho e, principalmente, mostrando a nossa *presença*. Presença amorosa curativa.

Lembrei-me da minha própria história ao conversar com dona Helena. Peguei a mão dela, emocionada e com o peito dolorido por imaginar o impasse que essa senhora viveu, uma mãe com medo de perder o filho. Com olhos marejados, prometi empreender uma campanha contra as UTIs sem coração, sem afeto e sem calor humano.

Senhores médicos, acreditem: diante de um paciente fisicamente doente, ser tecnicamente competente e sensível às suas almas só multiplica a sua excelência profissional. Quando for possível, não hesitem em manter seus pacientes em uma "UTI com coração", junto do calor das pessoas amadas. Exerçam a sua capacidade de curar com outros instrumentos tão eficazes quanto os bisturis.

Sim, existem casos em que o paciente realmente precisa de atendimento em unidade intensiva. Não estou falando dessas pessoas, mas daquelas em que a doce presença dos entes queridos poderia ser, mas não é utilizada.

Comecei minha campanha: vamos parar de jogar luxo no lixo.

"UTI com coração" é uma prescrição de responsabilidade apenas do médico. Não vamos só rezar para que haja cada vez mais médicos-poetas. Não vamos só torcer e esperar. Vamos agir mais. Vamos encorajá-los. Publicar e aplaudir os corajosos que já são.

Saúdo os médicos-poetas que, como o Dr. Paulo, salvam muitas vidas com a sua ousadia clínica. Nós, a família, nos sentimos incluídos e colaboradores, portanto, mais potentes para cuidar.

Se, na época de Paulo Bertran, houvesse uma "UTI com coração", nosso cerratense maior, aquele cujo coração não lhe cabia no peito, talvez ainda estivesse entre nós.

QUERO SER RIDÍCULA

Valéria Belém

"(...) *O desejo é ridículo na medida em que contradiz a ordem do mundo. O que contradiz a ordem do mundo é estranho, é esquisito; tende-se a dizer que não deveria ser assim, tendemos a ridicularizá-lo.*"

Jorge Forbes

O raciocínio é simples: todo homem é mortal. Sócrates é um homem. Portanto, Sócrates é mortal. Se você conseguiu entender isso sem dificuldade, também vai se sair bem com essa outra lógica: pessoas ridículas são mais felizes. Quero ser feliz. Então, quero ser ridícula.

Talvez você já esteja começando a duvidar da minha sanidade e da utilidade de ler esse texto. Não desista. Quem sabe você conseguirá desenvolver um verdadeiro desejo de se tornar ridículo também.

Desejar e ser ridículo andam de mãos dadas. Isso acontece principalmente quando conseguimos sustentar nossos desejos.

Contarei a história de Karen, uma universitária que queria levar para a faculdade o almoço de casa. Para isso, ela foi às compras. Na papelaria, não titubeou: escolheu uma lancheira térmica escolar Jolie. A vendedora, mais que depressa, contou que uma artista plástica da cidade comprara uma igual para usar como bolsa na boate. Em resumo: toda prosa, Karen foi com sua lancheira Jolie para a faculdade, tirou uma foto feliz da vida, e agradou-se em cheio. Que delícia de escolha!

A história, porém, poderia ter sido diferente se Karen tivesse cedido. Mas cedido a quem? Ao mundo, segundo o qual ela já é adulta, portanto, não tem mais o direito de usar "coisas de criança". Em vez de agradar-se, ela agradaria ao outro invisível. Isso acontece com frequência.

Pelo receio de desagradar, cobrimos nossos desejos com uma capa social e nos cerceamos, mesmo cientes do que estamos abrindo mão. Como consequência, cobramos um preço bem alto desse outro. É assim que nascem as neuroses.

Os mais lindos sentimentos são tão ridículos. Eles nos expõem, enquanto também nos traduzem. Observe uma mãe olhando seu bebê, seu semblante de boba apaixonada. O encantamento permanece mesmo depois que ele cresce.

Denise e Karla, adultas, contam que a mãe as encara com "olhar de psicopata", uma piada interna na família. É tanto amor, que fica ridículo mesmo. Assim como os apaixonados, que mergulham em sua linguagem inventada de "mozinho", "mozão". Quer coisa mais ridícula?

Álvaro de Campos, heterônimo do poeta Fernando Pessoa, disse melhor:

"Todas as cartas de amor são
Ridículas.

Não seriam cartas de amor se não fossem
Ridículas.
....
Mas, afinal,
Só as criaturas que nunca escreveram
Cartas de amor
É que são
Ridículas."

Chegamos ao ponto mais importante da conversa: ser ridículo é maravilhoso!

O contrário significa nos entregarmos ao universal, jamais assumindo nossas singularidades. O psicanalista Jorge Forbes explica assim a questão: "O ridículo é o particular que não se encaixa em nenhum universal. São ridículos os termos de ternura quando ditos em público, os apelidos cúmplices, os carinhos. Aquilo que só serve a um, a dois ou a um pequeno grupo é habitualmente tachado de ridículo."

Para finalizar esse texto, desafio você a ser ridículo hoje, amanhã e depois, quantas vezes quiser. Não se leve tão a sério nem cobre do mundo pelas oportunidades das quais você abriu mão pelo medo do ridículo.

O mundo dos ridículos é um lugar mais feliz. Entre nele, experimente.

MUNDO FIXO E MUNDO FLUXO
Luciene Godoy

Eu sou burro. Eu sou organizado. Eu sou medroso. Eu sou esquecido. Eu sou guloso. Eu sou inseguro. Todos têm suas definições de si mesmos.

Haverá um tempo no futuro em que os seres humanos ficarão perplexos ao serem informados, nas aulas de história, que as pessoas no começo do século 21 acreditavam ser definíveis de uma vez para sempre. Que elas acreditavam piamente terem identidades fixas e que assim era o ser humano: aprendeu, ficou fixado, imutável.

Terão pena de imaginar o sofrimento que era pensar em si mesmo — e o pior, sentir, perceber a si mesmo como um modelo, um modo de ser que se repete ao longo do dia, ao longo de uma vida inteira, sem grandes modificações, sem grandes surpresas.

***

No futuro, será de domínio público compreender que o ser humano é um fluxo ininterrupto de "ser-o-que-se-é" a cada momento. Estamos sempre nos relacionando com um mundo que muda o tempo todo, que não fica parado nunca.

Tudo vai acontecendo à medida que o planeta faz seu movimento orbital. Dias, horas, minutos e segundos escorrem e a água do rio que passa diante de nós não é mais a mesma. Tampouco são os mesmos os olhos que olham a água ou a nuvem ou o trem ou o olhar da pessoa amada naquele momento.

***

Terão muita pena do nosso sofrimento inútil. Dores de seres perdidos de si mesmos, com autodefinições do passado que já não definem mais nada do que é o presente e do que se é no presente.

Quantas pessoas cortam suas pernas para caber na cama pequena que não lhes serve mais. Apequenam-se para se encaixar em conceitos antigos, para se integrar em um mundo de comportamentos fixos, mesmo que tudo ao nosso redor seja fluxo.

No futuro, os seres humanos terão descoberto que nós voamos. Que a vida é vento constante, soprando e nos levando — às vezes para onde queremos ir, às vezes não. Terão também descoberto que o comando de nossas asas pode usar as correntes de ar, fazendo-as favoráveis às nossas escolhas, ao caminho que vamos traçando... no ar.

E, sabemos, "tudo que é sólido desmancha no ar", vivemos numa "sociedade líquida", e mais, vivemos em um mundo de ar, de movimento, de tudo e de nada.

No futuro, "eu sou" será substituído por "estou". Usaremos expressões como "Estou quer ler agora", "Estou com muita energia para fazer a viagem", "Estou quer andar de bicicleta".

Em vez de perguntar "Como vai você?", se poderá dizer "Como vai o 'estou'?" ou "Como o 'estou' está?" A resposta poderá ser: "Estou vai bem hoje."

Na evolução da humanidade, pela percepção de que somos mutantes e pulsantes, bem como é o mundo, o "eu sou" evoluirá para "estou" para melhor definir, ou seja, dar uma definição mais justa do que é o ser humano: um ser DO e NO movimento.

Será comum dizer: "Normalmente, gosto de maçã, mas estou não está a fim agora. Estou está doido por uma banana e nem sei porquê." Viver assim será tão mais respeitoso com a nossa condição humana, que é a condição de "ir-sendo".

Mesmo no mundo de hoje, que já reconhece o movimento incessante, mas ainda é pensado de forma rígida por muitos, são aqueles que habitam o mundo fluxo que vivem bem. Repare ao seu redor e verá diversos exemplos.

Hoje, a característica profissional mais valorizada não é a obediência, mas a criatividade, a invenção, a ousadia de propor o desconhecido, o novo.

A tradição, o costume do que aprendemos no passado permanece, sem dúvida, dentro de nós, lastreando o que fazemos, nos dando base para os saltos. Mas a coragem do caminhar resoluto, da aposta na invenção, está na escolha pelo risco — que traz a surpresa da pulsação de sentir-se vivo e se mexendo.

HOJE É DIA DE QUÊ?

Valéria Belém

Todo dia, ao acordar, ela escuta da filha a seguinte pergunta:

— Mamãe, hoje é dia de quê?

"Leninha sabe das coisas", eu disse à analisante logo que ela me contou essa história. Afinal de contas, a pequena Helena amanhece com uma certeza: aquele dia será especial. É claro que ela não SABE DISSO, mas é muito melhor do que saber, já que ela VIVE ISSO a cada amanhecer. Para completar, envolve (ou tenta envolver) a mãe na sua forma de enxergar o mundo.

A mãe narrou esse ritual meio que espantada, tipo "olha o esforço tremendo que preciso fazer todos os dias para responder à pergunta da Leninha".

O que eu respondi?

— Deixa a Leninha ser sua professora.

É isso que a psicanálise oferece. Quanto mais mergulhamos nela, mais abrimos espaço para o saber — tanto do bebê quanto da criança — muitas vezes ignorado no espaço familiar.

E o que a Leninha-professora ensina à mãe? Que qualquer coisa pode ser motivo para viver bem o dia que se inicia. "Hoje é dia de aprender na escolinha!", "Hoje é dia de conversar com as amiguinhas", "Hoje é dia de correr atrás do trenzinho de brinquedo!".

Tudo isso já foi dito pela mãe ao responder à pergunta matinal, sem nem perceber que, na alegria genuína da filha ao ouvir tais respostas, se revelava a verdade das verdades: a gente pode ser feliz por tudo na vida (e tem gente que escolhe ser infeliz por tudo!).

Leninha esperta, Leninha professora.

Em outra sessão, recebi Jéssica, uma mulher bem-sucedida da área de tecnologia da informação. Ela contou o enorme bem-estar que sente ao preparar mesas para receber pessoas queridas.

Na infância, ela amava brincar de supermercado, de lojinha. Ainda hoje, Jéssica continua brincando, agora com talheres, pratos, flores, guardanapos. O que ela aprende nessa brincadeira? Que não é necessário acertar na primeira vez, que pode falhar, errar, começar de novo, e aprender com esses "erros". Ela levou esse aprendizado para o trabalho, onde não desperdiça mais seu tempo se sentindo mal quando o planejado não funciona. Sim, ela sofria bastante por causa disso antes.

A brincadeira nos permite elaborar, construir e curtir

a vida. Por isso, brincar é tão importante. Não só na infância, mas durante a vida toda. Em geral, não usamos mais o termo "brincadeira" na vida adulta para não parecermos imaturos. Bobeira pura. Ser criança e poder brincar na vida é a melhor resposta para a pergunta "Hoje é dia de quê?"

Envelhece cedo (e morre em pé) quem para de questionar o mundo, quem não brinca, quem não enxerga professores criativos e potentes nas crianças. Mais que isso: quem se leva tão a sério, a ponto de não conseguir elaborar mais nada. Muitas pessoas fazem um contrato eterno de chatice e repetição, em que nada de novo pode acontecer.

Convido você hoje a perguntar, brincar e ser feliz.

FELIZ DIA DO HOMEM

Luciene Godoy

Você já deve ter ouvido alguém perguntar: "Se a gente comemora o Dia das Crianças e o Dia da Mulher, por que não comemoramos o Dia do Homem?"

Há quem diga, meio em tom de brincadeira, que as mulheres e as crianças são graciosas, enquanto os homens são desajeitados para esse tipo de coisa. Mas não se esqueçam: existe o Dia dos Pais. Ah, não vale! Tem o Dia das Mães também.

Por que se valoriza a mulher como mulher e, não, o homem como homem?

Afinal, por que não comemoramos o Dia do Homem? Leitor, me responda, por favor. Enquanto espero pelas respostas, vou aproveitar o momento para valorizar e reconhecer uma minoria em ascensão.

Parabéns aos homens que, em cada Dia da Mulher, estão conseguindo crescer e viver uma vida de trocas com ela.

Parabéns aos homens que, apesar do desconhecido e do medo de errar, se movem e abrem novos caminhos, buscando responder às mudanças na forma de se posicionar em relação ao outro sexo.

Parabéns aos homens que estão conseguindo se sentir homens, sem se comparar com sua mulher. Não sendo o avesso vitorioso de um sexo frágil, pedinte e dependente dele — mesmo que seja uma máscara, um fingimento feminino para que o homem se sinta másculo e poderoso.

Parabéns aos homens que se alegram genuinamente com o sucesso de sua mulher, porque o sucesso dela não significa a derrota dele, a grandeza dela não é a pequenez dele, a alegria dela não produz a tristeza dele.

Parabéns ao homem flexível, que consegue trocar de lugar com sua amada, numa gangorra deveras amorosa, criativa e divertida, na qual, conforme cada momento, aquele que estiver na melhor posição pega o leme, toma a frente, faz acontecer. O outro fica de coadjuvante, num balé respeitoso, mas volta a ocupar o papel do ator principal dependendo da cena.

Estamos falando de papéis — que são lugares que frequentamos na vida, não quem somos e ponto final. A única coisa que somos e ponto final é "seres para a morte". Isso não tem como mudar. Quanto ao resto, podemos ser e não ser, dependendo das circunstâncias.

Alguns podem retrucar que o homem de verdade tem que dar conta do recado. Concordo e acrescento: o adulto que é adulto tem que dar conta do recado. Mas que recado? O de viver bem a própria vida. Só que isso no mundo de hoje, essa exigência é para todos os gêneros. O dar conta do recado de um homem não é necessariamente mais pesado que o da mulher.

Dia desses, um analisante de 30 anos, médico, prestes a se casar, me disse: "Minha noiva tem que trabalhar, assim como eu. Ela não é incapaz para eu sustentá-la."

A relação entre um casal moderno pode funcionar como um carrossel que vai girando, as posições se alternando, conforme a necessidade e a escolha. Não existe mais o que chamavam de "coisa" de homem ou de mulher.

Ninguém perde o valor por ser flexível. Ser valorizado, respeitado, e, acima de tudo, desejado no amor é possível para homens e mulheres, desde que ambos estejam satisfeitos consigo mesmos, com quem são, e não queiram usar o outro como escada para ser sempre o protagonista, o astro do show.

Então, parabéns aos homens que não agem como meninos emburrados quando a atenção, o colo e a fatia maior do bolo não lhes são ofertados.

Parabéns aos que já conseguem ser parceiros de suas parceiras.

Se você não ficou na lista dos homens que já merecem a homenagem, acorde e aja. Quem sabe no ano que vem, uma semana depois do Dia da Mulher, você já esteja na lista dos homens que estão conseguindo. Conseguindo o que mesmo? Serem novos homens em um novo tempo.

E, finalmente, não sem emoção, quero dizer: parabéns aos homens que, por serem fortes, conseguem ser ternos!

JOGUE ÁGUA EM "MULHER"

Valéria Belém

Sempre que penso nisso tenho vontade de rir.

Há alguns anos, comprei um carro e resolvi colocar um som nele. Fui com minha filha visitar duas lojas especializadas e, que surpresa, parecíamos invisíveis. Nenhum vendedor tentou se aproximar ou perguntar o que queríamos ali.

Recentemente, decidimos fazer uma plotagem e colocar películas em outro veículo. No local indicado, um ambiente com paredes pretas, freezer de cerveja e essência masculina no ar, um vendedor visivelmente incomodado soltou: "Não estamos acostumados a receber mulheres, mas vamos fazer um novo ambiente para elas, com uma vendedora para explicar tudo." Só mais tarde pude entender o que aquilo realmente significava...

No mesmo dia, conversando com outro instalador de películas indicado por um amigo, recebi um áudio no WhatsApp explicando a diferença entre as películas ofertadas. O vendedor falava *bem* devagar, perguntando se eu havia entendido a cada quinze segundos. "Só assim a senhora vai entender melhor", completou.

O que essa história tem a ver com psicanálise? Tudo. Tem a ver com o significante "mulher", ou seja, aquilo que vem à sua mente quando você pensa nessa palavra. Faça esse exercício e veja a resposta. Muitas vezes, o que ficou cristalizado em você é uma caricatura. Entretanto, da mesma forma que cristalizou, pode ser desmanchado (como um torrão de açúcar, no qual basta jogar água para que derreta) e ressignificado.

O psicanalista francês Jacques Lacan diz que não existe uma fórmula para construir um conjunto universal para as mulheres. Cada uma é única. Então, como seria possível encaixá-la em rótulos? Mulher não entende de carro, mulher não bebe cerveja, mulher tem de apanhar para saber quem manda, mulher de saia curta quer que passem a mão nela?

Agora, estou sugerindo que você jogue água na "mulher" que está gravada em sua mente, para colocar ali um novo significante, que possa contribuir para uma vida mais gostosa de saborear. Sim, pode acreditar: as palavras têm gosto, cores, sons e perfumes, que enchem nosso corpo e fazem transbordar tudo de bom (ou não) que temos dito/escrito em nós mesmos. Somos pura poesia, afinal.

A epigenética, campo da biologia cujos estudos ajudam a entender como fatores ambientais influenciam nossa saúde e comportamento, aponta que o ambiente (que é energia) não é apenas um lugar físico, mas também psíquico. Isso significa que seus pensamentos são um ambiente que influenciam tudo em você, todas as células do seu corpo.

Se os pensamentos são um ambiente e ele é formado por palavras (agora mesmo isso está ocorrendo na sua cabeça), então fica fácil entender como os significantes mexem com você. Portanto, se essas representações não agem a favor da vida, é sempre tempo de trazer mudanças para dentro da sua cabeça. Como, por exemplo, a mulher que escolhe o som do carro, bebe cerveja e exala essência de sândalo ao passar.

OS GRANDES MILAGRES DA VIDA

Luciene Godoy

A vida tem coisas tão grandiosas e tão belas, e às vezes, tão difíceis de se chegar a elas, que gosto de chamá-las de milagres.

Na minha lista, coloco quatro itens. Os três primeiros falam da mesma coisa, um momento de encontro entre dois seres humanos: a risada, o brilho cúmplice do olhar entre duas pessoas, o orgasmo. Milagres.

Freud, ao falar do chiste (piada), nos revela algo que, apesar de simples e cotidiano, não vemos tão facilmente. É quando alguém nos conta uma piada. Nós acompanhamos a narrativa esperando determinado final, que em geral não acontece. Então, de repente, o contador, com um olhar esperto, nos surpreende com o inesperado. Quando, e somente quando, ele percebe pelo brilho em nosso olhar que "sacamos" o que não foi dito, quando o sentido da piada é compreendido, e os dois, note bem, os dois se dão conta de que estão pensando a mesma coisa, é que o riso do ouvinte eclode. Só aí o contador também ri, uma risada do riso do outro.

A piada é um tipo de comunhão, um prazer duplo: do ouvinte, por se surpreender numa descoberta, num sentido inusitado; e do contador, por ter conseguido o feito de dizer sem dizer.

Não sei por que banalizamos tanto o orgasmo, como se fosse uma refeição qualquer. Ele é muito mais.

Ele também é um milagre. O milagre de um estado químico-emocional, num balé maravilhosamente sutil, até a eclosão do prazer máximo ao qual pode chegar um ser humano advindo de um encontro.

Você poderia contestar, dizendo que podemos ter orgasmos sozinhos. Se formos lacanianos, diremos que há sempre um outro em nossa mente. Mas quando esse outro está de fato presente e, mesmo assim, acontece um encontro, mais uma vez houve um milagre. Até porque a presença também é difícil de administrar, já que ela interfere em minhas fantasias. O outro pode não ser como eu quero.

E o quarto milagre? Não sei o quanto você costuma pensar nisso, mas, para mim, é o aprender.

Quando aprendemos, começamos a enxergar algo que estava ali, mas ainda não existia. É um milagre que nos faz entrar no presente. É sair do passado, nos atualizar diante da vida.

Aprender, além de um milagre, é também a fonte da juventude. Gostou? É isso mesmo! A marca do novo, do jovem, é não saber de tudo e querer aprender.

Saber envelhece. Querer saber rejuvenesce.

Porém, aprender dá trabalho, cansa. É por isso que muita gente aprende durante os primeiros vinte ou trinta anos de vida e depois vive do passado e no passado: "No meu tempo era assim ou assado." Seres fora do tempo com a poeira da preguiça.

Aprender é uma opção, é uma escolha de viver no presente, viver no milagre que é cada novo dia em nossas vidas.

OUÇA O QUE VOCÊ DIZ
Valéria Belém

"Quando digo digo, digo digo, não digo Diogo."
Trava-língua popular

"— Puxa! Eu sou uma besta!

— Não é porque você diz que não é verdade."[8]

Relata-se que, em certo atendimento clínico, foi essa a resposta que o psicanalista francês Jacques Lacan deu a seu analisante. Parece esquisito e até mesmo ofensivo? Sim, pode parecer, em um mundo de perguntas e respostas que nada significam e pelas quais ninguém se responsabiliza. Em geral, quem diz "Eu sou uma besta!" já aguarda uma massagem no ego vinda de quem o ouve. "Claro que não, você é muito inteligente!"

Lacan teve a ousadia de sair do roteiro da linguagem e jogou seu analisante em uma situação original. A pessoa precisou ouvir o que realmente dizia e se responsabilizar pela sua fala. Que susto!

Isso me veio à mente após refletir sobre um papo que tive, há certo tempo, com uma amiga. Conversávamos sobre redes sociais e, de repente, um misto de tristeza e espanto cruzaram seu olhar:

— O Facebook me trouxe algo inesperado. Pessoas que eu tinha em alta conta caíram demais em meu conceito.

---

8. Fonte: — Alô, Lacan? — É claro que não. Cia de Freud: 1999.

Admiro muito essa amiga por sua inteligência e comprometimento. Jornalista, mestre em Filosofia, professora universitária, leitora incansável. Comecei a refletir sobre a preciosidade das palavras e o quanto as pessoas as gastam em excesso nas redes sociais. Gente cheinha de "vômitos" irresponsáveis.

Lacan, que morreu em 1981, e, portanto, não conheceu o fenômeno das redes sociais, me gera mais reflexões sobre esse assunto tão presente na vida pós-moderna, ou em TerraDois, como nomeia o psicanalista Jorge Forbes. Resumindo a questão: para além de dar sentido ao que se fala, existem consequências imediatas e posteriores ao que sai de nossa boca (ou de nossos dedos). Por isso, sermos responsáveis pelo que dizemos ou escrevemos revela uma posição subjetiva no mundo.

Em uma entrevista pouco tempo antes de sua morte, o cantor Freddie Mercury afirmou: "Tenho de começar a fazer o que falo", e riu. Esse exemplo é esclarecedor, porque nos mostra como agimos em total desconexão com a responsabilidade por nossas palavras.

"Digo sim! E daí?"

Hoje, de certa forma, estamos bastante acostumados à verborragia nas redes sociais. Muita gente já ligou o botão do f*... e solta lá seus dejetos. Mas também vivemos em um mundo onde Freud implica e não apenas explica (ou seja, responsabiliza você frente à singularidade da sua satisfação). Isso nos faz pensar que nunca houve tanta facilidade, espaço e capacidade de falar para e com o mundo. Realidade que transforma, derruba muros, implode hierarquias e é a cara do século 21, da pós-modernidade, de TerraDois.

Quando a responsabilidade vai junto, ok.

Então, ouça o que você diz.

FALAR DIFÍCIL, PARA QUE SERVE?

Luciene Godoy

"Fulano fala difícil!"

Quantas vezes já ouvi essa frase...

Ao repeti-la neste momento, nem me passa pela cabeça assumir a posição de franco-atiradora, lançando um julgamento negativo, sem substância e repetido.

Ao contrário, proponho a pergunta: para que serve o falar difícil? Deve ter alguma serventia, escancarada ou velada, sabida ou escondida do próprio falador.

Falar difícil serve para provar inteligência ou vasto conhecimento de quem fala (difícil). Falar de forma complicada, com palavras estranhas, geralmente desconhecidas pelo humilhado interlocutor (senão, o efeito não é atingido), é a própria definição da expressão "falar difícil".

O "fala-difícil" intimida, humilha e exclui o outro para se exaltar — relação em espelho na qual coloca o outro como oposto para que ele possa ser alguém mais valorizado — e com isso inviabiliza construções possíveis. Destrói relações que poderiam nutrir de potência os lados envolvidos e não somente a alma parasita e faminta que se alimenta do que retira do outro.

Falar difícil serve para impossibilitar o acesso de muitos ao lugar privilegiado de ter um saber. Se muitos têm, o valor diminui.

Será? Olha que o mundo está mudando e você ainda não notou.

Os intelectuais mais ouvidos, seguidos e amados do momento são pessoas que compartilham de forma simples e atraente seu saber (obtido a duras penas). Sabem conversar com todos a quem se dirigem, de alunos escolares a plateias com pessoas de diversas áreas. Não falam difícil para provar o quanto conhecem.

Nas próprias palavras do historiador e professor Leandro Karnal, dirigindo-se a seus alunos a respeito de trabalhos acadêmicos (repito e não se assuste: escritos "acadêmicos"), ele os convida a escrever "de forma precisa, mas sem a feiura da linguagem acadêmica".

Karnal afirma que esse tipo de escrita não tem beleza, não tem paixão, não tem entusiasmo, e que sua única utilidade seria servir à banca examinadora. O lúdico, diz ele, fica fora de tudo isso.

A proposta *karnaliana* (a meu ver, ele já merece esse adjetivo) revira essa relação de poder — sabemos o quanto há poder no saber —, especialmente quando diz: "Eu não quero mais ter discípulos. Eu quero ter amigos. Amigos me completam e eu os completo. Discípulos sugam e são inconvenientes."

Quem nos suga, no fim das contas, nos debilita, porque não há troca. Há adulação e uma busca por identidade no líder, no guru, no intelectual admirado, que se torna o corpo do seguidor covarde e submisso. Mas esse seguidor também é um cobrador implacável, exigindo seu quinhão: a pele do outro, para nela se abrigar contra as intempéries das escolhas às quais a liberdade nos vota.

Nós, intelectuais que não queremos falar difícil, que não queremos manter para nós o privilégio do saber, recebemos cada vez mais a adesão e o alimento para a alma. Alimento para nossas almas que colocamos na sacola, para nos nutrir pelos caminhos de nossas escolhas perigosas.

Quando lancei meu livro "A felicidade bate à sua pele: uma teoria do apaixonamento", recebi manifestações emocionantes de leitores leigos e profissionais. Elogiaram a leveza e a profundidade do texto, a forma como escrevi sobre teoria de forma agradável e fluida. Muitos se sentiram lendo um livro de literatura e não de teoria.

Depois disso, segui com o espírito mais leve. Afinal, é exatamente este o meu propósito: falar de psicanálise para que todo e qualquer interessado possa usufruir, sem precisar de palavras difíceis para provar meu nível de conhecimento. E só domino tanto o assunto porque escolhi me especializar, uma decisão que outros não necessariamente fizeram.

Todos nós podemos ser especialistas em trocar. Trocar nossas riquezas e nos potencializar mutuamente.

Usufruir uns dos outros, sem a necessidade de reduzir, numa prazerosa festa da "vida que se vive junto".

O MEU CAFÉ É DIFERENTE DO SEU

Valéria Belém

O pretinho básico, aquele da manhã, da tarde e até da noite. Com açúcar, sem açúcar, para que serve? Aquele que pode ser forte, extraforte, descafeinado. O que você faz com ele?

Se a resposta vier pelo bom senso, já sabemos o que esperar: "Ah, tomo café para me ajudar a acordar", "Tomo café para dar aquela energia e espantar o sono".

Isso continua valendo? Claro que sim. Mas, como não somos passarinhos, que bebem água quando estão com sede, o café pode ter outros significados. Segundo o psicanalista Jorge Forbes, o bom senso só diz pataquada, o bom senso não serve para nada, a não ser para encobrir as singularidades.

Certo dia, uma analisante contou sobre uma pessoa querida que, sempre que estava agitada, inquieta e até mesmo chateada, se aproximava dela com uma xícara de café nas mãos. As duas, juntas, partilhavam desse momento de sabor quentinho. Naquele dia, por exemplo, haviam tomado quatro xícaras durante o trabalho. Interessante demais essa história.

Então, o café acalma? Pela química, seria impensável. Mas, para nós, pessoas com um corpo físico, biológico, e outro corpo, desejante e pulsional, é diferente. Por isso, podemos vivenciar momentos que fogem do senso comum. "Quer ficar tranquila, quer relaxar? Beba uma boa xícara de chá de camomila, tome um copo cheio de suco de maracujá. Café? De jeito nenhum." Não necessariamente.

O que está em jogo neste beber café? É o sabor da bebida, o sabor do encontro, a parada sem planejamento, o ritual do fazer? O que você acha, leitor?

A resposta é: não sabemos. Não sabemos porque um café pode ser qualquer coisa, ter significados diferentes para cada pessoa. Quando isso é elaborado e compreendido, tudo ganha novas cores e intensidade, tornando possível desfrutar a radical diferença que existe em cada um de nós. Difícil é querer ser igual, sentir igual, beber café como os outros, anular histórias pessoais únicas (diferentes e, até mesmo, esquisitas).

Podem achar que é esquisito beber café para relaxar. Em teoria, vai contra as regras. Está certo isso? Você é quem vai dizer. Quando o passarinho está com sede, ele bebe água fresca. Enquanto isso, nós, seres humanos, sonhamos com água de coco, suco de abacaxi com hortelã, picolé de limão.

E seguimos inventando...

CHICLETE NO PALITO: AS INVENÇÕES QUE LIBERTAM

Valéria Belém

No domingo à noite, alguém resolve levantar a tampa do fogão para cozinhar. *Shiiip, tum!* Uma bateria de balança digital, redonda e fina, escorrega e cai dentro de uma fresta no fundo do eletrodoméstico.

— Ninguém mexe no fogão, está interditado — diz o cozinheiro, depois de tentar exaustivamente encontrar a bateria perdida no buraco negro. — Pode pegar fogo. Só um técnico para dar jeito.

Fui mascar um chiclete. Um parênteses: pode ser bem prazeroso ter na boca uma coisa aparentemente inútil. Até os fetos sabem disso, pois já sugam o dedo no útero. No caso da história da bateria, o propósito do chiclete foi outro. O cozinheiro me encarou, espantado, como se dissesse "isso é hora de mascar chiclete?".

Busquei um palito de churrasco, prendi o chiclete viscoso em uma das pontas e pedi que passasse a engenhoca com cuidado pela fresta do fogão, para "pescar" a bateria. Deu certo.

Essa é uma história banal, mas voltei a ela depois de uma sessão de análise. Um analisante me contava da necessidade de controlar os gastos com cartão de crédito, que estavam excessivos por conta das compras online. Para ele, era fácil comprar dessa forma, ainda mais sem sentir o peso das sacolas ao caminhar pelo shopping. No shopping, ele "via" a compra iminente e conseguia se controlar. No ambiente online, isso não acontecia.

Decidido a não repetir tal comportamento, ele entregou o cartão a uma pessoa de confiança, para evitar gastos e economizar para um projeto futuro. Segundo me contou, sua ideia foi malvista por um amigo, que o aconselhou a aprender a se controlar mantendo o cartão na carteira.

O que isso tem a ver com o chiclete? Nossas invenções, diante dos fatos da vida, dizem muito da nossa capacidade de sermos flexíveis. Não existe jeito certo ou errado de buscar uma bateria perdida, como também não existe a fórmula perfeita para gastar menos no cartão de crédito. Há, sim, um jeito singular de fazer as coisas.

Quando me perguntaram se mantive o distanciamento social durante a pandemia por medo, a resposta foi: claro que sim. Mas, mais do que o medo real do vírus, havia o medo de viver de um jeito que não era o meu. A grande questão da vida não é a morte, mas viver mal o tempo que se tem, escolhendo o que o outro acha que é melhor para mim.

É de assustar como algumas pessoas têm respostas e jeitos certos para fazer tudo. Nunca se permitem perguntar. Entre questionar e saber, escolher a primeira opção é manter-se jovem diante do mundo.

Ter certezas e explicações dá rugas e flacidez — quer dizer, envelhece a alma.

Então, que tal fugir de respostas prontas e olhar com alegria para a flexibilidade?

Essa linda capacidade de nos mover com leveza, sem sofrimento diante de novas e desafiadoras situações, fazendo perguntas e buscando respostas surpreendentes.

NÃO DESPERDICE O SEU MIOLO

Valéria Belém e Luciene Godoy

Chanel tem 8 anos e duas predileções: colo e comida. Colo ela ganha sempre, mas comida só mesmo a ração determinada pela veterinária — e Chanel não se conforma com isso. Por isso, todo dia de manhã, no café, ela fica ao meu lado com olhos suplicantes, pedindo qualquer coisa. E não é que, de vez em quando, um miolinho de pão cai da minha mão?

Ela rapidamente o devora e já pede mais. Esses são momentos que ela adora.

Certo domingo, suas tutoras (minhas filhas) começaram a se arrumar para sair — a ideia era levar Chanel ao parque para brincar. Eu estava lá, tomando café, já preparando os pedacinhos de miolo que cairiam no chão sem querer. Mas Chanel não deu bola. Ela ia e voltava, correndo, ansiosa, em desespero mesmo. Imaginava que ficaria em casa e estava sofrendo com isso. Rodeava as duas donas, não atinava para mais nada, seu sentimento era de uma perda iminente — ela ficaria sozinha, deixaria de estar com as pessoas que amava.

Ainda tentei chamar sua atenção por mais duas vezes, sem sucesso. O miolo que deixei cair ficou largado no chão. Chanel perdeu aquele momento de prazer. Na verdade, nem o viu passando na sua frente.

As meninas finalmente a levaram para o parque e eu continuei à mesa da cozinha, pensando na correlação com a vida humana.

Quantos prazeres desperdiçamos, porque não estamos no presente. Às vezes, estamos presos a possibilidades que parecem muito ruins. Somos mestres em elaborar filmes de terror em nossas mentes. Merecemos prêmios pelos dramas roteirizados!

Chanel perdeu duas chances de usufruir — do miolo de pão e do passeio —, sem viver um sofrimento antecipado por aquilo que não sabia.

"A história poderia ter sido outra se as meninas não tivessem levado a Chanel", você comenta. "Isso seria um motivo mais do que justo para esse sofrimento todo, certo?" Claro que não! Ela teria tido o prazer do precioso pão, então, ponto para a Chanel. E, além disso, ela poderia ter economizado o "sofrimento antecipado" (que se revelou infundado), pois, sofrendo ou não, acabaria ficando sozinha.

Fazendo as contas nesse jogo entre os times SOFRIMENTO ANTECIPADO × PRAZER, temos:

Prazer × Sofrimento (resultados possíveis)

A — Chanel não comeu o pão, sofreu antes e foi passear =

Prazer 1 × 2 Sofrimento

B — Chanel não comeu o pão, sofreu e não foi passear =

Prazer 0 × 3 Sofrimento

C — Chanel comeu o pão, não sofreu e não foi passear =

Prazer 2 × 1 Sofrimento

D — Chanel comeu o pão, não sofreu e foi passear =

Prazer 3 × 0 Sofrimento

Não dependia de Chanel ser levada para passear, mas comer o pão e não sofrer antecipadamente, sim. Dentro dessa lógica, dois terços do seu sofrimento foram inúteis e ela perdeu duas vezes mais do prazer que teria. Conta de burro? Não, conta de cachorro doido, que perde o miolo (cerebral) para não perder e, com isso, só perde. Chamamos isso de neurose nos humanos.

E com você? Qual tem sido a sua pontuação nesses quesitos?

Este livro foi publicado em abril de 2025, pela
editora Nacional, impresso pela Impress em
papel Pólen Natural 80g/m².